westermann

Autorin: Anna Strodthoff

Herausgeber: Wassilios E. Fthenakis

Elterngespräche kompetent auf Augenhöhe führen

1. Auflage

Bestellnummer 12741

Die in diesem Produkt gemachten Angaben zu Unternehmen (Namen, Internet- und E-Mail-Adressen, Handelsregistereintragungen, Bankverbindungen, Steuer-, Telefon- und Faxnummern und alle weiteren Angaben) sind i. d. R. fiktiv, d. h., sie stehen in keinem Zusammenhang mit einem real existierenden Unternehmen in der dargestellten oder einer ähnlichen Form. Dies gilt auch für alle Kunden, Lieferanten und sonstigen Geschäftspartner der Unternehmen wie z. B. Kreditinstitute, Versicherungsunternehmen und andere Dienstleistungsunternehmen. Ausschließlich zum Zwecke der Authentizität werden die Namen real existierender Unternehmen und z. B. im Fall von Kreditinstituten auch deren IBANs und BICs verwendet.

Buch +Web – mit Webcode im Buch

Zu diesem Produkt sind digitale Zusatzmaterialien kostenlos online für Sie erhältlich. Sie können diese ganz einfach über die Eingabe des nachfolgenden Codes im Suchfeld unter www.westermann.de abrufen.

WBB-12741-001

Sollten Sie zu diesem Produkt bereits eine BiBox mit Material erworben haben, so sind die Zusatzmaterialien selbstverständlich dort bereits integriert.

Druck und Bindung: Westermann Druck GmbH, Georg-Westermann-Allee 66, 38104 Braunschweig

ISBN 978-3-427-**12741**-3

INHALT

INHALT

INHALT

In diesem Buch wird auf geschlechtergerechte Formulierungen geachtet. So umfasst der Begriff „pädagogische Fachkräfte" weibliche und männliche Personen und zudem in diesem Kontext alle Personen, die im pädagogischen Alltag tätig sind und Elterngespräche führen. Der Begriff „Eltern" steht für alle Personen, die als Erziehungsberechtigte die Elternrolle einnehmen.

VORWORT

Wir können Menschen ganz bewusst mitfühlend zuhören, ihnen dabei helfen, selbstbewusster zu werden, genau hinzuschauen, Probleme in die Hand zu nehmen und selbstverantwortlich zu lösen.

Ich schreibe dieses Buch aus mehreren Rollen heraus: Als erste Rolle möchte ich die der Mutter nennen, da ich durch diese weiß, wie die „andere Seite“ denken und fühlen kann, wie unsicher Eltern in gewissen Situationen sein können und wie hilfreich ein ehrlicher und offener Austausch mit Bindungspersonen ist. Meine zweite Rolle ist die der Erzieherin, die in ihrer Ausbildung zwar kurz das Thema Kommunikation und Elternarbeit durchgenommen hat und sich während Elterngesprächen mehr Unterstützung gewünscht hätte. Wie hilfreich wäre da ein Spickzettel mit geeigneten Gesprächs- und Fragetechniken für wütende oder weinende Eltern gewesen.

Meine dritte Rolle ist die der Kindheitspädagogin. Im Rahmen meiner Doktorarbeit beschäftigte ich mich mit dem Thema „Elterngespräche in Kindertageseinrichtungen“ und habe nun das Ziel – anknüpfend an die Ergebnisse der Elbe-KiTa-Studie – etwas Praxistaugliches zu entwickeln. Es wäre schade, wenn wissenschaftliche Ergebnisse ihren Weg in die Praxis nicht finden können.

Einleitung – Was die Leserin und den Leser erwartet

Machen wir uns nichts vor: Die Anforderungen des Kita-Alltags wachsen stetig und die Rahmenbedingungen sind nicht die besten. In unserem Berufsfeld ist es wichtig, trotz allem optimistisch zu bleiben, die eigenen Werte und Ziele im Auge zu behalten und das Beste aus der einen Stunde des Elterngesprächs zu machen.

Gesprächs- und Beratungskompetenzen können als ein **Koffer voller Werkzeuge** für Elterngespräche gesehen werden. **Das Ziel ist**, in Gesprächssituationen situationsorientiert Kommunikationswerkzeuge nutzen zu können, um beispielsweise emotionalen Ausbrüchen (Wut, Traurigkeit) wertschätzend und verständnisvoll begegnen zu können und Gespräche in eine lösungsorientierte Richtung zu lenken. **Allerdings reicht ein Koffer voller Werkzeuge allein nicht aus**, um beispielsweise **ein Haus zu bauen**. Man benötigt zusätzlich noch Wis-

sen über die eigenen Fähigkeiten, eine reflektierte Haltung gegenüber dem Gesprächspartner und Kenntnisse darüber, wie und wann man welche Werkzeuge sinnvoll nutzen kann.

1) Das Fundament – eigene Rolle und professionelle Haltung: Das Wissen über die eigenen Fähigkeiten und Grenzen, um zum einen die eigene Expertenrolle ausfüllen zu können und zum anderen eine professionelle Haltung gegenüber Eltern in ihrer Expertenrolle entwickeln zu können (Kap. 3: Eigene Rolle und professionelle Haltung).
2) Der Rohbau – Gesprächs- und Fragetechniken: Kenntnisse über verschiedene Kommunikationstechniken können hilfreich sein und dabei unterstützen, selbstsicher aufzutreten (Kap. 4: Gesprächs- und Fragetechniken).
3) Das Dach – Strategischer Einsatz der Kommunikationswerkzeuge: Ein vertieftes Wissen darüber, wie und wann sich welche Werkzeuge sinnvoll einsetzen lassen, ist hilfreich, um Strategien für Entwicklungs-, Problem- oder Konfliktgespräche und unterschiedliche Gesprächssituationen (unsichere, dominante oder passive Eltern) entwickeln zu können (Kap. 5: Strategischer Einsatz der Kommunikationswerkzeuge).

1 Elterngespräche in der Kindertagesstätte

Welche wissenschaftlichen Erkenntnisse zur Relevanz von Elterngesprächen und zu deren Rahmenbedingungen existieren und warum Elterngespräche von Fachkräften oft als belastend wahrgenommen werden, wird in diesem Kapitel thematisiert.

1.1 Relevanz der Zusammenarbeit

Warum „gemeinsam mit den Eltern an einem Strang zu ziehen“ wichtig ist, fragt man sich wahrscheinlich hin und wieder. Im folgenden Abschnitt wird erläutert, welches Potenzial in gelungenen Elterngesprächen stecken kann, und anhand wissenschaftlicher Auswertungen aufgezeigt, warum die Elternarbeit trotz ihres Potenzials häufig als belastend empfunden wird.

Was sagt die Wissenschaft?

Im Rahmen der Elbe-KiTa Studie (vgl. Strodthoff 2022a, S. 155 ff.) wurden die Rahmenbedingungen von Elterngesprächen (Studie 1) und Gesprächskompetenzen (Studie 2) untersucht. Beide Studien zeigten, wie relevant das Thema und die damit zusammenhängenden Kompetenzen sind. Beispielsweise konnten folgende Hinweise gefunden werden:

* Praktikable Gesprächsinhalte können die elterliche Zufriedenheit steigern.
* Selbstsicherheit im elterlichen Umgang ging mit eigener Gesprächszufriedenheit einher.
* Gesprächskompetenzen können durch Theorie und Praxis verbessert werden.
* Kollegiale Unterstützung kann Kompetenzen und Motivation stärken.

Zudem zeigen andere Studienergebnisse, dass Elterngespräche

* zu einer entwicklungsfördernden häuslichen Lernumgebung beitragen können (vgl. z. B. Graue et al. 2004, S. 72),
* sich positiv auf die Entwicklung auswirken können (vgl. z. B. Sylva et al. 2004, S. 55ff.),
* Eltern dabei helfen, ihr Verhalten besser an die kindlichen Bedürfnisse anpassen zu können (vgl. Siraj et al. 2019, S. 365 ff.).

Außerdem konnte gezeigt werden, dass Eltern die Beobachtungen der Fachkräfte als wichtig für ihr eigenes Handeln einschätzen (vgl. Krey 2015, S. 170 ff.) und dass gleichfalls Eltern und Fachkräften ein Informationsaustausch und eine gemeinsame pädagogische Orientierung wichtig sind (vgl. Michl/Geier 2019, S. 26).

Andere Studienergebnisse zum Belastungserleben zeigen, dass

* die Elternarbeit häufig als belastend empfunden wird, zurückzuführen auf eine unzureichende Ausbildung, zu hohe Arbeitsanforderungen und den steigenden Beratungsbedarf der Eltern (vgl. z. B. Fröhlich-Gildhoff/Weltzien 2014, S. 173 f.),
* Fachkräfte sich als nur unzureichend ausgebildet für die Anforderungen der Elternarbeit fühlen (vgl. Viernickel et al. 2013, S. 133 ff.),
* fehlende Gesprächskompetenzen bemängelt werden (vgl. Cloos et al. 2020).

Im deutschen Sozialgesetzbuch Achtes Buch (SGB VIII) ist der Sinn und Zweck von Elterngesprächen gesetzlich verankert: Eltern sollen **bei der Erziehung unterstützt und beraten** werden (§ 1 Abs. 3), zudem soll die **Zusammenarbeit die Kontinuität des Erziehungsprozesses sichern** (§ 22a Abs. 2) und **an den Bedürfnissen** der Kinder und ihrer Familien **orientiert sein** (§ 22a Abs. 3).

Auf der Basis dieses Wissens wird deutlich, dass die elterliche Einbindung als **Chance** gesehen werden kann. Elterngespräche können dazu genutzt werden,

* sich über die kindliche Entwicklung in der Kita und zu Hause **auszutauschen, Ziele und Handlungsweisen festzulegen**,
* die **Familien in ihren Erziehungskompetenzen zu stärken**, indem sie als Experten pädagogische Ziele und Handlungsweisen mit gestalten und **zu Hause ausprobieren.**

ELTERNGESPRÄCHE

Das gemeinsame Interesse am Kind kann als grundlegende Basis für die Zusammenarbeit gesehen werden. Nach dem Motto: *Alle Parteien wollen das Beste für das Kind.*

1

1.2 Selbstreflexion

AUFGABE

Gibt es ein Elterngespräch, das Sie nicht mehr loslässt, über das Sie nachdenken? Fragen Sie sich, wie hätte man es besser machen können? Nutzen Sie Ihre Gefühle und Gedanken, wischen Sie auch die negativen nicht weg, sondern schauen Sie genau hin. Folgende Fragen laden dazu ein, sich darüber Gedanken zu machen, welche Erfahrungen bereits mit Elterngesprächen gemacht wurden und unter welchen konzeptionellen Rahmenbedingungen die Gespräche in Ihrer Einrichtung stattfinden.

Erfahrungen mit schwierigen Elterngesprächen

* Wie reagieren Sie, wenn Eltern Kritik äußern?
* Können Sie in schwierigen Situationen sachlich bleiben?
* Wie reagieren Sie, wenn Eltern etwas mit Ihnen besprechen möchten, dies aber Ihren Gesprächsleitfaden durcheinanderbringt?

Wie schätzen Sie Ihre Gesprächskompetenzen ein?

* Fühlen Sie sich sicher im Umgang mit Eltern?
* Achten Sie während des Gesprächs auf Ihr eigenes Vorgehen?
* Achten Sie auf Ihre eigenen Gefühle und Reaktionen?
* Sind Sie nervös vor Elterngesprächen?
* Welche Gesprächstechniken nutzen Sie in Elterngesprächen?
* Welche Fragetechniken nutzen Sie in Elterngesprächen?

Welche Rolle spielen die Eltern in Ihren Gesprächen?

* Wie viel erzählen die Eltern über ihren familiären Alltag?
* Achten Sie auf die Gefühle der Eltern?
* Erarbeiten Sie gemeinsame Ziele für das Kind?
* Halten Sie diese Ziele schriftlich fest?
* Sind die Ziele für die Familie gut umsetzbar?
* Überlegen Sie gemeinsam mit den Eltern, wie sie diese Ziele umsetzen können?

Elterngespräche vorbereiten

* Berücksichtigen Sie bei der Vorbereitung, ...
  - um was für ein Gespräch es sich handelt (Entwicklungs-, Problem-, Konfliktgespräch)
  - welche Elterntypen vor Ihnen sitzen werden (passive oder aktive, hilflose oder hoffnungsvolle, dominante oder unsichere Eltern)

Fragen zur Selbstreflexion können Sie dabei unterstützen zu erkennen, welche Bereiche eines näheren Hinschauens bedürfen; sie können den Anfang eines Entwicklungsprozesses darstellen. Wählen Sie aus diesem Buch die Inhalte, Werkzeuge, Tipps und Tricks, die für Sie und Ihren Alltag nützlich sein können und nutzen Sie diese so, wie es für Sie am sinnvollsten ist.

EIGENE NOTIZEN

2 Expertenkonzept

Ein intuitives Entwicklungsgespräch: Nach der Begrüßung erklären Sie den Eltern, dass sie über die kindliche Entwicklung sprechen möchten. Sie beschreiben, wie sie das Kind in der Einrichtung wahrnehmen, wie es sich verhält und was und mit wem es gern spielt. Dazu nutzen sie ihre Bildungsdokumentation. Die Eltern werden gefragt, wie die Situation zu Hause ist und ob sie weitere Fragen haben.

Eine intuitive Gesprächsführung kann man nicht als „richtig“ oder „falsch“ bezeichnen. Es sollten allerdings gewisse Rahmenbedingungen eingehalten werden.

Was sagt die Wissenschaft?
Es wird häufig eine Asymmetrie in Elterngesprächen bemängelt, verursacht durch eine passive Eltern-Rolle und eine professionelle Fachkraft-Rolle (vgl. Kuhn/Machold/Schulz 2018, S. 7ff. und Cloos 2018, S. 211ff.). Zudem wünschen sich viele Eltern eine stärkere Beteiligung am Bildungsdokumentationsprozess (vgl. Rißmann 2013, S. 293ff.).

In der Forschungslandschaft wird die passive Rolle der Eltern in Elterngesprächen bemängelt. Die gesetzliche Verankerung, dass die Eltern bei der Erziehung unterstützt und beraten werden sollen (§ 1 Abs. 3 und § 22a Abs. 3 SGB VIII), zeigt auf, dass in diesem Bereich ein gewisser Handlungsbedarf notwendig ist.

Selbstverständlich stellen die Information über die kindliche Entwicklung und die Verhaltensweisen in der Kita eine wichtige Gesprächskomponente dar. Allerdings sollten Elterngespräche darüber hinaus den Sinn und Zweck erfüllen, für die **Eltern beratend und unterstützend** zu sein. Dies kann durch das unten beschriebene Expertenkonzept und eine Haltungsänderung erleichtert werden (vgl. Strodthoff 2022b).

2.1 Zwei Experten tauschen sich zum Wohle des Kindes aus

Dem Expertenmodell liegt die Annahme zugrunde, dass Eltern eine noch aktivere Rolle in Entwicklungsgesprächen einnehmen können. Es baut auf den Erkenntnissen der

- Studien des Elbe-KiTa-Projektes (vgl. Strodthoff 2022a),
- dem Gmünder Modell (vgl. Aich/Behr 2015, S. 28ff.),
- dem systemischen-lösungsorientierten Ansatz (vgl. de Shazer 1985) und
- dem personenzentrierten Ansatz auf (vgl. Rogers 1959).

– **Wie können Eltern in Elterngesprächen eine aktivere Rolle einnehmen?**

Das Ziel ist eine aktive Einbeziehung der Eltern als EXPERTEN für ihre Kinder (vgl. Strodthoff 2022b).

Zwei Experten tauschen sich zum Wohle des Kindes aus:

* **Eltern als Experten** für ihre Familie, Biografie, die Entwicklung und das Verhalten ihres Kindes, seine Vorlieben und Abneigungen, sein Temperament im privaten Kontext
* **Fachkräfte als Experten** für den institutionellen Kontext: die Bildung, Erziehung und Betreuung, ihr pädagogisches Fachwissen für den Umgang mit Kindern, Gruppendynamiken und -prozessen, ihre theoretischen und praktischen Erfahrungen und die institutionellen Rahmenbedingungen (vgl. Neuhaus/Klein, 2017, S. 7).

Ein Bild vom Kind und seinem aktuellen Entwicklungsstand kann gemeinsam kreiert und überlegt werden ...

* welche **Ziele** (für die nächste Entwicklungsstufe) sinnvoll sein können,
* welche **Wege zu den Zielen** sinnvoll sein können.

Darauf aufbauend können die Handlungsweisen in den jeweiligen Umgebungen (privat und institutionell) **ausprobiert werden, neu überlegt und wieder ausprobiert werden**, um sich bei dem nächsten Expertengespräch **erneut über die Wahrnehmungen/Beobachtungen** der Eltern und der Fachkräfte **auszutauschen**.

Es werden gemeinsam Stärken, Ressourcen und Lösungen gesammelt und auf ihre Praktikabilität überprüft. Gut umsetzbare Gesprächsinhalte können Eltern in ihrem Alltag unterstützen (vgl. Strodthoff 2022a, S. 155ff.). Daher setzt das Expertenkonzept genau an diesem Punkt an und versucht zum einen, die Eltern sehr aktiv und gleichberechtigt in das Gespräch einzubeziehen, um ...

* ein Bild des aktuellen Entwicklungsstands ihres Kindes aus der privaten und der institutionellen Perspektive entstehen zu lassen,
* die Eltern als Experten in die pädagogische Entwicklung von Zielen und Handlungsmöglichkeiten mit einzubeziehen,
* pädagogische Haltungen zu diskutieren und zu hinterfragen,
* das elterliche Selbstbewusstsein zu festigen und zu stärken.

Zum anderen hat das Konzept das Ziel, Eltern durch praktikable Handlungsmöglichkeiten zu befähigen, ...

* alle Familienmitglieder einzubeziehen,
* Handlungsmöglichkeiten auszuprobieren und weiterzuentwickeln,
* beim nächsten Elterngespräch erneut in den pädagogischen Diskurs zu gehen.

Bezugspersonen aus unterschiedlichen Lebensräumen versetzen sich gemeinsam in die Lage des Kindes und überlegen, welche Bedürfnisse hinter welchem Verhalten stehen könnten.

BEISPIEL

„In der nächsten Stunde würde ich Sie gerne einladen, ein Expertengespräch zu führen. Sie sind die Expertin/der Experte für Ihr Kind. Sie kennen es seit dem ersten Tritt im Bauch und begleiten es seitdem durch sein Leben.

Während Sie die Expertenschaft für die private Seite einnehmen, möchte ich die Expertenrolle für den Kita-Alltag einnehmen und ihnen gerne beschreiben, wie ich das Kind hier wahrnehme."

„Ich vertraue Ihnen als Expertin/Experten für Ihr Kind, bitte vertrauen Sie auch mir. Ich nehme die Rolle des Experten für Ihr Kind in der Kita ein und Sie für Ihr Kind im privaten Kontext."

Das Expertenmodell besteht aus zwei Ebenen

1. Ebene
* Eltern, Experten für ihre Kinder und ihr privates Lebensumfeld
* Fachkräfte, Experten für die institutionelle Lern- und Entwicklungsumgebung

2. Ebene
Wenn ein Problem angesprochen wird, ist **der Experte/die Expertin des Problems gleichzeitig auch Experte/Expertin der Lösung**.

Wer ist der Experte des Problems?

* Familie?
* Fachkräfte?
* beide Parteien?

2.2 „Der Experte des Problems ist gleichzeitig der Experte der Lösung“

Eine aktivere Rolle der Eltern führt automatisch dazu, dass „mitgebrachte Probleme“ thematisiert werden und die Gesprächsstruktur weniger gut vorhergesagt werden kann. Die Experten-Idee kann auf **angesprochene Probleme im Gespräch** übertragen werden (vgl. Strodthoff 2022b). Während des Zuhörens kann auf einer Meta-Ebene hinterfragt werden: ***„Wer ist der Experte des Problems?“***

* Sind es die Familien? Problem im privaten Kontext?
* Sind es die Fachkräfte? Problem im institutionellen Kontext?
* Sind es beide Parteien? Problem in der Kita und zu Hause?

Eine wertschätzende Haltung durch Zuhören und mitfühlende Reaktionen kann für Konflikt- und Problemgespräche sinnvoll sein; mangelnde Anteilnahme, Übermotivation oder auch „gut gemeinte Ratschläge“ kann dagegen als abwertende oder übergriffige Haltung gegenüber dem Gesprächspartner gesehen werden.

In Alltagssituationen kann man beobachten, dass Erwachsene Kindern ihre Problem-Expertenschaft abnehmen möchten – bei Problemen, wenn das Kind wütend wird, weint oder verzweifelt erscheint – und sich im Nachhinein darüber wundern, warum das Kind noch wütender oder trauriger wurde, obwohl sie die besten Absichten hatten.

Die Antwort ist ganz leicht: Das Kind wollte allein und selbstständig das Problem lösen, auch wenn es schwierig war. Es wollte seine Expertenschaft für die Lösung behalten und hatte Zuspruch und mentale Unterstützung erwartet. Es wehrt sich allerdings mit Händen und Füßen gegen die Wegnahme der Herausforderung. Dies sind Situationen, in denen Erwachsene sehr gut üben können, ruhig zu bleiben, das Problem beim Kind zu lassen, sein sicherer Hafen zu sein, zuzuhören, nachzufragen und emphatisch zu reagieren.

Nach der personenzentrierten Gesprächsführung ist der Experte bzw. die Expertin des Problems gleichzeitig Experte bzw. Expertin für die Lösung (vgl. Rogers 1957/1959; Strodthoff 2022b). Eine aktive Einbeziehung der Eltern als **EXPERTEN für ihre Kinder** und **ihre fa-**

miliären Probleme kann der Schlüssel zu *Gesprächen auf Augenhöhe* sein – **zu Expertengesprächen** (siehe hierzu auch Kap. 4.1).

Gesprächsleitfaden

Expertengespräche umzusetzen, setzt voraus, dass Sie es zulassen, dass Eltern gleichberechtigt ihre Erwartungen/Fragen/Probleme einbringen. Dies setzt voraus, dass Eltern vor dem Gespräch überlegen, welches Thema sie besprechen möchten. Fachkräfte haben sich vor dem Gespräch überlegt, welche Themen eingebracht werden sollten, Eltern möglicherweise nicht. Erst wenn die Gesprächsthemen feststehen, kann mit dem eigentlichen Austausch begonnen werden, sonst nehmen die Eltern höchstwahrscheinlich eine passive Rolle ein.

1. Phase: Gesprächseinstieg

Der Gesprächseinstieg sollte nicht mit Smalltalk verwechselt werden, sondern als Vorbereitung auf ein lösungs- und zielorientiertes Gespräch gesehen werden. Er stellt einen wichtigen Grundbaustein dar und kann dazu genutzt werden, sich aufeinander einzustellen und Vertrauen aufzubauen.

Das Ziel ist, eine angenehme Atmosphäre zu schaffen, Ängste und Aufgeregtheit zu reduzieren und Informationen zum aktiven Einbezug als Experte in das Gespräch zu geben.

BEISPIELE

*„Wir werden uns in der nächsten Stunde über die **Entwicklung des Kindes zu Hause und in der Kita austauschen**, zusammen überlegen, welche **Ziele** wir haben (also was wir uns zukünftig für das Kind wünschen) und **wie wir uns jeweils dabei unterstützen können, um diese Ziele zu erreichen**.*

Sie sind der Experte für Ihr Kind, Sie kennen es weitaus länger als ich und erleben es täglich zu Hause. Daher möchte ich mit Ihnen gemeinsam über unsere jeweiligen Gesprächserwartungen, dann über unsere Wahrnehmungen bzw. Beobachtungen des Kindes, also: Wie sehen Sie Ihr Kind zu Hause und wie verhält es sich hier in der Kita? und zum Schluss gemeinsam Entwicklungsziele planen und brainstormen, wie wir hier in der Kita und Sie zu Hause Ihr Kind unterstützen können.“

2. Phase: Gesprächserwartungen

Der Erwartungsaustausch ist sehr wichtig für das Gespräch, denn an dieser Stelle werden die Weichen für den aktiven Einbezug der Eltern als Experten gestellt.

Das Ziel ist, zu erfahren, mit welchen Themen/Erwartungen/Ängsten/Nöten die Eltern in das Gespräch kommen. Wenn man die gegenseitigen Erwartungen nicht kennt, ist es schwer, eine Vertrautheit entstehen zu lassen. Zudem besteht so die Möglichkeit, sich innerlich auf schwierige Themen oder Konfliktsituationen vorzubereiten.

BEISPIELE

Türöffner-Fragen – So kann man sie formulieren:

- *„Was können wir tun, um die Gesprächszeit sinnvoll zu nutzen?“*
- *„Was erhoffen Sie sich von unserem Gespräch?“*
- *„Welche Themen sollten wir ansprechen und nicht vergessen?“*
- *„Wie geht es Ihrer Familie? Wie geht es Ihrem Kind?“*
- *„Welche Entwicklungsschritte haben Sie bei Ihrem Kind beobachtet?“*

Wenn Eltern bereits an dieser Stelle des Gesprächs anfangen, detailliert vom Problem zu berichten, können Sie mitfühlend und freundlich auf den Gesprächsverlauf und den bevorstehenden Beobachtungsaustausch verweisen.

BEISPIELE

- *„Ich kann sehr gut verstehen, dass Sie das sehr beschäftigt. Gut, dass wir uns Zeit dafür nehmen können. Damit wir in dieser einen Stunde allen wichtigen Themen Raum geben können, möchte ich vorher gerne wissen, ob Sie neben diesem noch ein anderes Thema mit mir besprechen möchten."*
- *„Um unserem Gespräch eine Struktur zu geben, können wir kurz überlegen, welche Themen wir wann besprechen möchten. Welche Reihenfolge finden Sie sinnvoll?"*
- *„Möchten Sie mit dem Thema XY beginnen oder soll ich Ihnen erst einmal berichten, ..."*

Der Übergang in den Beobachtungsaustausch kann zur Sortierung der Gesprächsthemen genutzt werden und gemeinsam kann ein Gesprächsleitfaden erstellt werden. Zahlen hinter den Themen können die Reihenfolge übersichtlich machen.

3. Phase: Beobachtungsaustausch

Anknüpfend an die Erwartungen kann mit dem eigentlichen „Kern", dem Austausch über die Entwicklung, begonnen werden.

Das Ziel ist, in einen intensivieren Austausch der Beobachtungen zu kommen:

- Wie verhält und entwickelt sich das Kind zu Hause?
- Wie verhält und entwickelt es sich in der Kita?
- Decken sich die Beobachtungen oder verhält es sich anders?

BEISPIELE

Türöffner-Frage, so kann man sie formulieren:
„Sie haben gesagt, dass Sie gerne über ... mit mir sprechen möchten. Möchten Sie mit dem Thema beginnen, oder möchten Sie lieber, dass ich anfange?"

Es kann vorkommen, dass Gefühle der Scham aufkommen, wenn schwierige Situationen besprochen werden. Diese Gefühle können introvertiertes oder extrovertiertes Verhalten hervorrufen (evtl. schämen sie sich für das Verhalten ihres Kindes, sehen dieses möglicherweise als ihre Schuld). Daher ist es wichtig, dass das Verhalten nur als Ist-Zustand gesehen wird, als Chance zur Entwicklung/zum Lernen. Ein lösungsorientiertes Arbeiten, ein gemeinsames Überlegen, welche kindlichen Bedürfnisse hinter dem Verhalten stehen, und das Entwickeln von Zielen und Handlungsmöglichkeiten kann zum lösungsorientierten Denken anregen (siehe auch Kap. 5.2).

„Soll ich das Gespräch immer mit positiven Themen beginnen?"

Wenn Eltern ein bestimmtes Thema sehr wichtig ist, sollten Sie mit diesem Thema beginnen, egal ob es ein positives oder ein schwieriges Thema ist. Falls Sie, nach Absprache, mit einem Ihrer Themen beginnen, ist es sinnvoll, ein neutrales bis positives Thema zu wählen und die schwierigeren Themen später ansprechen, damit sich zu Beginn eine wertschätzende, offene und akzeptierende Atmosphäre entwickeln kann.

Das Ziel ist, während des gesamten Gesprächs eine positive Haltung zu haben und bei Unsicherheit immer wieder auch positive Aspekte nennen zu können.

„Sollen alle Entwicklungsbereiche besprochen werden?"

Es würde den zeitlichen Rahmen sprengen, in jeden Bereich tief einzutauchen. Daher sollte der Fokus eher auf den (positiv und negativ) „brennenden" Themen liegen.

Die Gesprächstechniken Zuhören, Zusammenfassen und Verständnisfragen (siehe Kap. 4) können dabei unterstützen.

4. Phase: Zusammenführung und pädagogische Analyse

Bis zu dieser Phase war der Austausch eher von beschreibender Art; ab Phase 4 kann das Verhalten analysiert und hinterfragt werden.

Das Ziel ist, gemeinsam zu überlegen:

- Was hat das Kind in seiner Entwicklung bereits geschafft?
- In welchen Bereichen gibt es noch Lern-/Entwicklungschancen?
- Warum verhält sich das Kind in bestimmten Situationen so?
- Welche Bedürfnisse könnten hinter dem Verhalten stehen?

Was sagt die Wissenschaft?

Erziehungsvorstellungen und Ziele sollen im Laufe der Entwicklung immer wieder neu angepasst werden, sie sollen das Kind heraus- aber nicht überfordern (vgl. Pauen et al. 2014). Wygotsky vertritt die Meinung, dass Kinder ihre nächste Entwicklungsebene zuerst mit Hilfe erreichen können und später allein (vgl. Wygotsky 1980). In Elterngesprächen könnten Entwicklungsschritte nach diesem Prinzip analysiert werden, sodass Eltern ein Bewusstsein für eine angemessene Unterstützung entwickeln. Nach dem berühmten Motto von Maria Montessori: *Hilf mir, es selbst zu tun!*

5. Phase: Zielvereinbarungen für das Kind

Im Vorangegangenen ist ein aktuelles Bild vom Kind entstanden. In der folgenden Phase stehen konkrete Zielformulierungen für die kindliche Entwicklung im Fokus, z. B.: *Das Kind kann in Konfliktsituationen mit anderen Kindern selbstsicher seinen Standpunkt vertreten. Oder: Das Kind schafft es, ohne Schreien und Weinen ins Bett gebracht zu werden.*

Eine klare Zielvorstellung kann motivationsfördernd wirkten und das lösungsorientierte Denken anregen.

„Was ist das konkrete Ziel?“

- Definition des Inhalts, des Ausmaßes und der Zeit
- Hundertprozentige Umsetzbarkeit (keine Abhängigkeiten)
- Konkrete und spezifische Definition: „ab jetzt“, „nicht mehr“ ...

An dieser Stelle kann folgende Frage gestellt werden: Hinter dem Ziel der Eltern *„Max schafft es, ohne Schreien und Weinen ins Bett gebracht zu werden"* steckt eigentlich das Verhalten *Schreien und Weinen,* und es sollte doch lieber das Bedürfnis nach Schlaf und Entspannung im Vordergrund stehen, oder?

Dieses Ziel wurde vorschnell formuliert. In diesem Falle wäre die Analyse wichtig, welche Bedürfnisse hinter dem Verhalten *Schreien und Weinen* liegen. Wahrscheinlich ist Max überreizt und müde, daher sollte das Ziel eher in folgende Richtung formuliert werden: *„Die Familie lässt den Abend entspannt ausklingen und Max schläft zufrieden ein."*

Wie dieses Ziel erreicht werden kann, kann durch geeignete Fragetechniken herausgefunden werden. Nur die Eltern sind die Experten für ihre familiäre Schlafsituation und nur sie sind in der Lage einzuschätzen, welche Strategien und Wege zu ihnen passen.

6. Phase: Pädagogische Handlungsmöglichkeiten – Wege zu den Zielen

Auf der Basis der Zielformulierungen können Handlungsmöglichkeiten gesammelt werden.

Das Ziel ist, vielfältige Handlungsmöglichkeiten für die jeweiligen Kontexte (zu Hause und in der Kita) auszutauschen.

Für fast alle Probleme gibt es viele verschiedene Lösungsmöglichkeiten. Welche man wann und wie ausprobiert, kann man je nach Tagesform selbst entscheiden.

Die Erkenntnis, dass es viele Wege und Möglichkeiten gibt, führt häufig vor Augen, dass die Situation keineswegs aussichtslos ist und dass man aus verschiedenen Perspektiven unterschiedliche Ansatzpunkte finden kann. Gemeinsam zu überlegen, welche Ziele und welche Handlungsweisen in der aktuellen Situation sinnvoll sein können, hat zum Ziel, die Gesprächsinhalte für die Beteiligten so praktikabel und umsetzbar wie möglich zu machen, denn praktikable und gut umsetzbare Gesprächsinhalte können die Eltern am besten umsetzen (vgl. Strodthoff 2022a, S. 155 ff.).

Eine Mindmap kann für Eltern eine langfristige Motivationsstütze sein. Sie kann von ihnen weiterentwickelt werden und dazu anregen, neue Wege ausprobieren und zu überlegen, welche Strategien für die Familie alltagstauglich sind.

An dieser Stelle können folgende Fragen gestellt werden:

* Was kann den Eltern bei der Umsetzung helfen?
* Was kann Fachkräften bei der Umsetzung helfen?

Besonders bei stark belasteten Eltern ist es wichtig, diesen Themen Raum zu geben und sie zu fragen, welche Bedürfnisse sie selbst haben. Es gilt zu überlegen, welche Ressourcen vorhanden sind oder geschaffen werden können, damit es leichter werden kann.

7. Phase: Gesprächsausstieg

Zum Schluss besteht die Möglichkeit, Ziele und Handlungsoptionen zusammenzufassen und die Eltern zu fragen, wie sie das Gespräch empfunden haben, wie sie sich fühlen und ob sie eine Rückmeldung zum Gespräch geben möchten.

Das Ziel ist, aus dieser Rückmeldung für die nächsten Gespräche aus dem Feedback etwas zu lernen.

Anschließend kann der nächste Gesprächstermin geplant und ggf. angeboten werden, in Tür-und-Angel-Gesprächen einen kurzen Austausch über den aktuellen Stand zu geben. Falls der zeitliche Rahmen nicht ausreichend war und weiterer Gesprächsbedarf vorliegen sollte, kann zu einem späteren Zeitpunkt (neuer Termin) angeknüpft werden.

Bei Zeitmangel kann es von Vorteil sein, beim Beobachtungsaustausch zu kürzen. So kann die verbliebene Zeit genutzt werden, um (kurzfristige) Ziele zu vereinbaren und Handlungsmöglichkeiten zu überlegen. Eine Vision bzw. Handlungsoptionen vor Augen zu haben, kann den Alltag für beide Parteien erleichtern.

Ob Sie dieses Konzept von heute auf morgen umsetzen, ist Ihnen überlassen, es kann sich auch nach und nach entwickeln. Wahrscheinlich ist es sinnvoll, den Gedanken der aktiveren Elternrolle wachsen zu lassen und sich als Team immer mehr an das Expertenkonzept heranzutrauen.

AUFGABE im Team

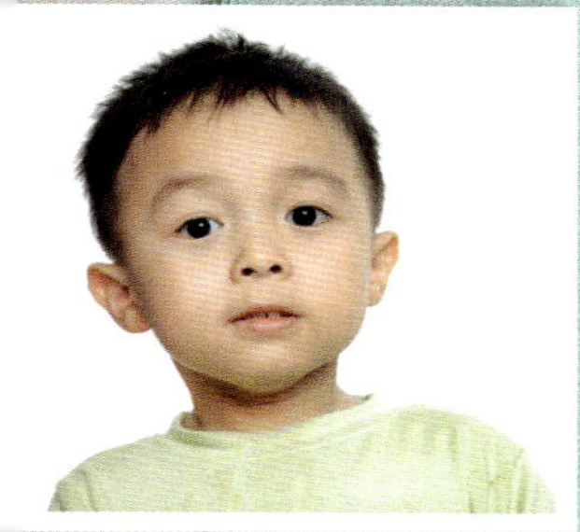

Rollenspiel: Imitieren Sie ein Elterngespräch. Nutzen Sie den Gesprächsleitfaden als Orientierung und versuchen Sie, die Eltern so aktiv wie möglich teilnehmen zu lassen. Nutzen Sie zur Dokumentation den Protokollbogen „Entwicklungsgespräch“.

Rolle der Fachkraft: Chan (2,5 J.) wurde vor 1,5 Jahre eingewöhnt.. Eingewöhnt haben Sie ihn vor ca. 1,5 Jahren. In Bring- und Abholsituationen sind Chans Eltern meist in Eile. Letzte Woche hat der Vater Sorgen über Chans Sprachentwicklung geäußert. Der Junge wächst zweisprachig auf: die Mutter spricht mit ihm Thai und der Vater deutsch. Chan scheint sprachlich nicht so weit entwickelt zu sein wie andere gleichaltrige Kinder. Er ist ein aufgeweckter, neugieriger Junge, der mit allen Kindern gut auskommt. Zurzeit baut er gern auf dem Bauteppich und spielt oft draußen. Sie erleben Chan als ein fröhliches Kind, das aber auch gelegentlich kleine Wutausbrüche hat, die mit Weinen und Schreien verbunden sind.

Rolle des Vaters: Sie arbeiten in Vollzeit. Chan ist Ihr einziges Kind. Sie verfolgen seine Entwicklung, besuchen regelmäßig die Elternabende und -gespräche. Sie machen sich Sorgen um Chans Sprachentwicklung, denn die gleichaltrigen Kinder von Freunden sprechen schon viel besser. Sie wünschen sich eine Einschätzung dazu. Außerdem erhoffen Sie sich konkrete Strategien, wie Sie mit Ihrem Sohn bei Wutanfällen umgehen können.

Reflexionsfragen nach dem Gespräch:

Fachkraftrolle:
- Wann haben Sie sich selbstsicher und kompetent gefühlt?
- Wann haben Sie Unsicherheiten bemerkt?
- Was und wie könnten Sie es besser machen?

Elternrolle:
- Wie haben Sie das Gespräch wahrgenommen?
- Was hätten Sie sich für den Gesprächsverlauf gewünscht?
- Was hätten Sie sich für Ihre Expertenrolle gewünscht?

EIGENE NOTIZEN

3 Eigene Rolle und professionelle Haltung

Welche Erfahrungen und Fähigkeiten habe und brauche ich?

Um Gesprächs- und Fragetechniken angemessen nutzen zu können, ist ein reflexives Bewusstsein und die Auseinandersetzung mit der eigenen Rolle, den eigenen Kommunikationserfahrungen und die Haltung gegenüber den Gesprächspartnern wichtig. Diese Auseinandersetzung legt ein solides und starkes Fundament, auf dessen Basis die Werkzeuge zum Einsatz kommen. Eine reflexive Auseinandersetzung mit der eigenen Rolle und Haltung sollte immer wieder gepflegt werden.

Angenommen, ein Elterngespräch liegt hinter Ihnen. Sie sind sich nicht sicher, wie die Mutter oder der Vater das Gespräch empfunden hat, Sie hoffen, dass sie/er Ihre Worte verstanden hat. Sie haben das Gefühl, dass Ihr Gesprächspartner immer wieder eine Rechtfertigungshaltung eingenommen hat. Wie geht es der Mutter oder dem Vater jetzt, nach dem Gespräch?

Negative Gefühle nach schwierigen Gesprächen laden regelrecht dazu ein, sich über den eigenen Zustand und die Bedürfnisse bewusst zu werden – also genauer hinzuschauen, die Situation zu reflektieren, sich zu überlegen, wie es besser gewesen wäre und für das nächste Mal daraus zu lernen.

Leider nehmen die Inhalte zur Entwicklung einer professionellen Haltung gegenüber Eltern sowie Strategien für den Umgang mit schwierigen Situationen wenig Raum in der Ausbildung oder dem Studium ein, obwohl diese im turbulenten Kita-Alltag immer wieder notwendig sind. Daher kann es hilfreich sein, sich mit diesen Themen regelmäßig auseinanderzusetzen.

3.1 Expertenrolle im institutionellen Kontext

Die Expertenrolle im beruflichen Alltag mit Kindern, mit Eltern und Kolleginnen und Kollegen kann viele Facetten aufweisen. Die Frage ist, wie man sie definieren kann und was sie ausmacht.

- Können Sie sich mit Ihrer Expertenrolle identifizieren?
- Haben Sie das Selbstbewusstsein, in dieser Rolle mit Eltern zusammenzuarbeiten?

Ein gesundes Selbstvertrauen, ein hohes Selbstwertgefühl und ein gutes Selbstbewusstsein wünscht man sich (und unseren Kindern) hin und wieder. Warum eigentlich? Weil diese Variablen unsere Rolle, unsere Haltungen und somit unsere Handlungen beeinflussen und sie unsere innere Stärke definieren. Doch worin unterscheiden sich das Selbstvertrauen, das Selbstwertgefühl und das Selbstbewusstsein?

3.1.1 Selbstvertrauen

Das Selbstvertrauen wird einerseits von Erfolgen und andererseits von unseren Ansprüchen beeinflusst. Falls die eigenen Ansprüche sehr hoch sind, obwohl man bereits viel erreicht hat, hat man trotz der Erfolge ein niedriges Selbstvertrauen.

Wenn man in bestimmten Bereichen nicht erfolgreich ist, kann man sein Selbstvertrauen durch Abwertungen schützen. Beispielsweise werten manche Kinder das Fußballspielen ab, wenn sie merken, dass sie dabei wenig erfolgreich sind. Zusammenfassend kann man Selbstvertrauen als das Vertrauen in eigene Fähigkeiten und Kompetenzen beschreiben.

Was sagt die Wissenschaft? William James beschrieb 1890 als erster Psychologe den Begriff „self-esteem“, das Selbstvertrauen. Er ging davon aus, dass die Höhe des Selbstvertrauens davon abhängt, wie kompetent man sich in einem Bereich fühlt. Anders ausgedrückt, ob man das, was man sich vorgenommen hat, erreicht hat (Selbstvertrauen = Erfolge/Ansprüche) (vgl. Heatherton/Wyland 2003, S. 219ff.).

Forschungsergebnisse konnten zeigen, dass Selbstvertrauen durch Erfolge wächst und dass Situationen, in denen eine Leistung gefordert oder gemessen wird, relevant für unser Selbstvertrauen sind (vgl. Coopersmith 2002).

Je besser man gelernt hat, mit Erfolgen und Misserfolgen umzugehen, desto leichter ist es, ein gesundes Selbstvertrauen zu entwickeln. Menschen, die bei Misserfolgen trösten und ermutigen, sind wichtig für die Entwicklung des Selbstvertrauens.

Die Entwicklung des Selbstvertrauens umfasst die Freude über Erfolge, Probleme lösen zu können, aus Fehlern zu lernen und ein Bewusstsein über Zeit und Geduld, um etwas Neues zu lernen. Auch die Bewusstheit über Anstrengungen, die sich lohnen, und dass manche

Ziele erst nach vielen Fehlversuchen erreicht werden können (oder vielleicht nie) und somit, dass etwas zu versuchen wichtiger ist, als Erfolg zu haben, gehören zur Entwicklung des Selbstvertrauens dazu.

Selbstvertrauen:
Ich kann was!* versus *Bin ich kompetent genug?

Reflexionsfragen (selbst gestellt oder sich gegenseitig gefragt):

- Welche Erfolge auf privater und beruflicher Basis prägen Ihr Selbstvertrauen?
- Welche Misserfolge auf privater und beruflicher Basis prägen Ihr Selbstvertrauen?
- Wie hoch schätzen Sie Ihre Ansprüche (eigene Zufriedenheit) auf beruflicher und privater Ebene ein? (Nennen Sie Beispiele!)

„Was könnte mir dabei helfen, mein Selbstvertrauen zu stärken?"

Das Selbstvertrauen nimmt zu, wenn wir uns selbst und unsere Umwelt gestalten und beeinflussen können (z. B. Probleme konstruktiv lösen, Entscheidungen treffen) oder auch unsere Mitmenschen von unseren Ideen überzeugen können, also die Möglichkeit haben, selbstwirksam handeln zu können. Selbstwirksamkeitserfahrungen ermöglichen das Entwickeln von Vertrauen in persönliche Stärken. Das Selbstwirksamkeitsgefühl beschreibt die Erwartung, durch die eigenen Fähigkeiten ein angestrebtes Ziel erreichen zu können, einen Baustein auf den anderen setzen, demnach aus eigener Kraft bewusst etwas beeinflussen zu können (vgl. Vohs/Baumeister 2016, S. 270). Nach Bandura (1977) entwickelt sich die Selbstwirksamkeit in der Kindheit durch Erfolgs- und Misserfolgserlebnisse, Deutungen von Körperzuständen, Ermutigungen und das Modelllernen (vgl. Bandura 1997).

Reflexionsfragen (selbst gestellt oder sich gegenseitig gefragt):

- Wie selbstwirksam fühlen Sie sich im Umgang mit Eltern?
  - In welchen Situationen fühlen Sie sich selbstwirksam?
  - Wann fehlt Ihnen noch ein positives Selbstwirksamkeitsgefühl?
- Selbstwirksame Vorbereitung von Elterngesprächen?
  - In welchen Situationen fühlen Sie sich selbstwirksam?
  - Wann fehlt Ihnen noch ein positives Selbstwirksamkeitsgefühl?

3.1.2 Selbstwertgefühl

Wie unterscheidet sich das Selbstvertrauen vom Selbstwertgefühl?

Beim Selbstwertgefühl liegt der Fokus auf der Selbstakzeptanz und der Annahme von Gefühlen und Eigenschaften (vgl. Rogers 1975, S. 2ff.). Hat man das Gefühl, gut genug zu sein? Eigene Stärken und Schwächen werden eher in der Vergangenheit und der Gegenwart bewertet.

Wenn Kinder erleben, dass man sich um sie kümmert, sie sich bedingungslos geliebt, ernst- und angenommen fühlen, entwickeln sie ein positives Selbstwertgefühl.

Ein starkes Selbst besteht aus zwei Komponenten: 1. dem eigenen Vertrauen und 2. dem eigenen Wertgefühl.

Was sagt die Wissenschaft? Rosenberg definierte 1965 „self-esteem" als Einstellung, Akzeptanz oder Annahme der eigenen Schwächen, unabhängig von den eigenen Kompetenzen. So entstanden zwei Komponenten von „self-esteem": Selbstvertrauen („competence") und Selbstwertgefühl („worthiness") (vgl. Rosenberg 1965, S. 18).

Selbstwertgefühl: *Ich bin wertvoll!* versus *Bin ich gut, so wie ich bin?*

Reflexionsfragen (selbst gestellt oder sich gegenseitig gefragt):

- Welche persönlichen Stärken haben Sie?
  ... und in welchen Situationen können sie von diesen profitieren?
- Welche persönlichen Schwächen haben Sie?
  ... und in welchen Situationen werden sie durch diese beeinflusst?
  ... und wie reagieren Sie dann?
- Wie würden Sie sich mit Ihren Stärken und Schwächen als den einzigartigen Menschen beschreiben, der Sie ausmacht?

Fühlen Sie sich als Expertin/Experte des institutionellen Kontextes (des Kita-Alltags)?

* Welche Stärken spielen in Ihre Rolle im Alltag hinein?
* Welche Stärken spielen in Ihre Rolle gegenüber den Eltern hinein?
* Welche Schwächen spielen in Ihre Expertenrolle im pädagogischen Alltag mit den Kindern hinein?
* Welche Schwächen spielen in Ihre Expertenrolle gegenüber den Eltern hinein?
* Welche Wirkungen haben diese Stärken und Schwächen jeweils?

3.1.3 Selbstbewusstsein

Im engeren Sinne beschreibt das Selbstbewusstsein („self-awareness") die Wahrnehmung der eigenen Person, also wie viel wir über uns selbst wissen (z. B. körperliches oder geistiges Befinden) und wie konkret dieses Wissen ist (Stimmigkeit des eigenen Bildes). Selbstwertgefühl entwickelt sich aus einer positiven Haltung. Erfahrungen aus der frühen Kindheit können es beeinflussen.

Wie geht es mir gerade?

* Um welche Themen drehen sich die eigenen Gedanken?
* Wie geht es meinem Körper?

Im weiteren Sinne kann man das Selbstbewusstsein nicht vom Selbstvertrauen und Selbstwertgefühl trennen, da es davon beeinflusst wird. Menschen mit einem guten Selbstbewusstsein können u. a. realistisch einschätzen, welche Bedürfnisse und Ziele sie haben, wie sie auf andere Personen wirken und wie stark oder schwach ihre eigenen Kompetenzen in bestimmten Bereichen sind.

Selbstbewusstsein:
Ich weiß, wer ich bin und wie mich andere wahrnehmen!
versus ***Wer bin ich und was kann ich? Was denken andere über mich?***

Zusammenfassend ist für das Selbstvertrauen und das Selbstwertgefühl ausschlaggebend, wie realistisch das eigene Bild von uns selbst ist. Wer beispielsweise eigene Leistungen falsch einschätzt, sucht sich unpassende Herausforderungen; wer die eigene Wirkung auf andere Personen nicht richtig einzuschätzen vermag, verhält sich möglicherweise unangemessen.

Reflexionsfragen (selbst gestellt oder sich gegenseitig gefragt):

- Was tue ich dafür, um meine körperlichen und geistigen Bedürfnisse wichtig zu nehmen?
- Wie nehmen mich meine Mitmenschen wahr?
- Wo stehe ich in meinem Team?
- Welche Verhaltensweisen anderer Personen geben mir den Eindruck, weniger wert zu sein?
- Wie könnte ich mich verhalten, um anders behandelt zu werden?
- Wie könnte ein konkreter erster (zweiter, dritter) Schritt aussehen?
- Wer oder was kann mich dabei unterstützen?

Die Stärke, die Kraft und den Mut aufzubringen, um als Fachkraft eine Expertenrolle einzunehmen, ist nicht leicht. Schwierige Situationen werden immer wieder vorkommen und dazu einladen, genau hinzuschauen, zu hinterfragen, sich Strategien zu suchen, sich einen Weg zuzutrauen, ihn auszuprobieren und weiterzugehen.

AUFGABE

Hochhaus-Übung

Die folgende Aufgabe kann dabei unterstützen, sich bewusst zu werden, wie ausgeprägt das eigene Selbstbewusstsein ist, und wie man es stärken kann. Kreieren Sie auf einem Blatt Papier jeweils für die folgenden Bereiche eine Hochhaus-Skyline und schätzen Sie gleichzeitig ein, wie selbstsicher Sie sich fühlen. Je höher das einzelne Hochhaus, umso sicherer fühlen Sie sich in diesem Bereich.

Pädagogischer Alltag
1a) Praktischer Umgang mit Kindern
1b) Reflektieren und Planen der pädagogischen Handlungsweisen

Elterngespräche
2a) Austausch über das kindliche Verhalten
2b) Gemeinsames Planen: Ziele für das Kind
2c) Gemeinsames Planen: Handlungsweisen für Kita & zu Hause

Gespräche mit Dritten
3a) Austausch über kindliche Entwicklung mit Dritten (z. B. Schule)

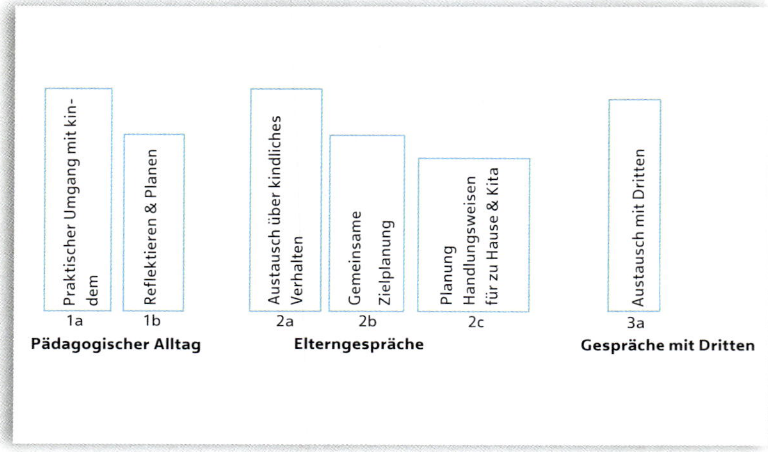

Reflexionsfragen (selbst gestellt oder sich gegenseitig gefragt):

- Welche Ziele können dabei helfen, selbstsicherer zu werden?
- Was könnte mir auf dem Weg zu meinen Zielen helfen? (private, berufliche Ressourcen, eigene Stärken, Ausprobieren)
- Welche persönlichen Eigenschaften, die mir bereits in schwierigen Lebenslagen weitergeholfen haben, können hilfreich sein? (z. B. Zielstrebigkeit, Hartnäckigkeit, Optimismus ...)

3.2 Genaues Hinschauen in schwierigen Situationen

Ihre individuellen Persönlichkeitsmerkmale beeinflussen Ihre professionelle Rolle im Umgang mit den Kindern, Kolleginnen und Kollegen und Eltern. Sie machen Sie zu einer einzigartigen Fachkraft. Wenn man weiß (und regelmäßig reflektiert), wie die eigenen Verhaltensmuster in schwierigen Situationen entstehen und welche Auslöser dafür verantwortlich sind, kann man verantwortungsvoll und reflektiert mit ihnen umgehen und sich durch sie weiterentwickeln.

Angenommen, in Ihrer Gruppe gibt es ein Kind, dass Sie hin und wieder an sich selbst als Kind erinnert. Wenn Sie Kontakt mit seinen Eltern haben, kommen bei Ihnen die Erinnerung an Ihre eigene Kindheit wieder hoch. Möglicherweise kommt es durch Ihre eigenen Erinnerungen zu schwierigen Gesprächssituationen mit diesen Eltern.

Das Wissen darüber, welche Stressauslöser immer wieder zu schwierigen Situationen führen und wie man auf diese reagiert bzw. welche Verhaltens- und Gefühlsmuster danach auftreten, kann dabei helfen, sich persönlich weiterzuentwickeln und stressresistenter zu werden.

ACHTSAMKEIT

Regelmäßiges Reflektieren und die gegenseitige kollegiale Unterstützung können dabei helfen, Verhaltensmuster zu überwinden.

Ich weiß, welche Situationen für mich schwierig sind. Ich weiß, warum ich so reagiert habe. Ich weiß, welche Verhaltensmuster ich immer wieder zeige und ich weiß auch, wie ich mit ihnen umgehen kann ...

Situationsbeschreibung

* In welcher schwierigen Situation reagiere ich unprofessionell?
* Wie habe ich mich verhalten?
* Wie war die Reaktion meines Umfeldes?

Situationsanalyse

* Warum habe ich so reagiert?
* Welche Gefühle und Bedürfnisse stehen hinter meinem Verhalten?
* Habe ich in der Vergangenheit ähnliche Situationen erlebt?
* Ist ein Verhaltensmuster erkennbar?

Perspektivische Lösung

* Wer oder was hätte mir in dieser schwierigen Situation geholfen? Was hätte ich gebraucht?
* Wie möchte ich idealverweise in solch einer Situation sein?
* Was brauche ich dafür?

Qualitätsentwicklung

Haben Sie und Ihre Kolleginnen und Kollegen ausreichend Zeit, um regelmäßig zu reflektieren, allein und im kollegialen Austausch? Sprechen Sie darüber mit Ihrer Leitung.

TIPP

Stecken Sie sich einen kleinen Zettel und einen kleinen Bleistift in die Hosentasche und machen Sie sich während eines Tages Notizen über alle Themen, über die Sie gerne reflektieren würden. Tauschen Sie sich bei der nächsten Teamsitzung über dieses Experiment aus (siehe auch Kap. 3.4 und Kap. 5.3).

3.2.1 Meta-Ebene als Vorstufe professionellen Handelns

Das Reflektieren und genaue Hinschauen bei negativen Gefühlen kann dabei helfen, es beim nächsten Mal besser zu machen, aus den eigenen Fehlern zu lernen und selbstbewusster zu werden.

Nehmen wir an, dass es während eines schwierigen Gesprächs hilfreich sein könnte, eine mentale Ebene einzunehmen, um ...

* dem Gesprächspartner Zeit zum Reden zu schenken
* sich selbst davon abzuhalten, ihn zu unterbrechen
* das Gespräch zu entschleunigen

Zudem kann man sich selbst Zeit nehmen, darüber nachzudenken, ...

* wer der Experte bzw. die Expertin des Problems ist,
* wie es dem Gesprächspartner geht, welche Not hinter seinen Worten steckt, welche Bedürfnisse und Gefühle sich dahinter verbergen,
* wie es gelingen kann, eine akzeptierende Haltung zu entwickeln,
* welche Gesprächs- und Fragetechniken hilfreich sein könnten, um professionell, verständnisvoll und mitfühlend reagieren zu können.

AUFGABE

In einem Elterngespräch stellen Sie fest, dass ihr Gegenüber, emotional berührt ist und den Drang hat zu erzählen.
Im Folgenden werden Sie dazu eingeladen, die Vorstellung eines *fest verwurzelten Baums* als Hilfsmittel für die mentale Ebene zu nutzen, um innerlich ruhig zu bleiben und dem anderen und sich selbst Zeit zu schenken.
Der Gesprächspartner benötigt Zeit, um sich Luft zu machen, zu pusten, evtl. wie ein starker Sturm, und Sie können sich vorstellen, wie dieser Wind Ihre Äste und Blätter bewegt.

> *Der Wind pustet durch Sie hindurch, Sie spüren ihn deutlich, nehmen aber keinen Schaden. Sie sind stark und verwurzelt. Sie nehmen wahr, wie der Wind pustet. Einen Satz, eine Aussage, ein Argument nach dem anderen. Ihre Blätter bewegen sich, Ihre Äste auch. Ihre Wurzeln halten Sie in der Erde und Sie lassen Ihren Gesprächspartner pusten, haben ein offenes Ohr und lassen ihm Zeit, um alles loszuwerden, was ihm auf dem Herzen liegt. Wirklich alles, was seine Not ausmacht, auszupusten.*

Der Versuch, durch eine reflexive Haltung ein Baum zu sein, der ruhig und gelassen seine Umwelt, seine Gesprächspartner und den Alltag mit den Kindern wahrnimmt, der einfach da ist, überlegt handelt und sinnvoll kommuniziert, kann mehr bewegen als ein hektischer Hase unter dem Baum.

> *Ein Hase, der möglicherweise schnell handeln möchte, eine gute Lösung und einen praktischen Ratschlag weiß, es liegt ihm quasi auf der Zunge ...*

Ein hektischer Gesprächsablauf und zu viel Gesagtes bringt meist unnötigen Aufwand mit sich und hat nicht selten einen Konflikt zur Folge. Das Gespräch kann leicht zu einem Machtkampf werden – und hinterher bereuen Sie möglicherweise das eine oder andere Argument.

Umso wütender, angreifender oder hoffnungsloser sich Ihr Gesprächspartner äußert, desto deutlicher wird, dass die Intensität seiner Gefühle einen Kontrollverlust darstellt und er in Not ist. Vergleichbar mit einem trotzenden Kind, das in einer schwierigen Situation keine anderen Möglichkeiten sieht als zu wüten, trotzen und zu schreien.

Erfahren Sie, dass das echte, mitfühlende und wertschätzende Zuhören eine wachstumsfördernde Wirkung haben kann. Wenn jemand die Bedeutung der Worte verstanden hat und Verständnis widerspiegelt, kann das ein Schlüssel für (noch mehr) Vertrauen sein. *„Gefühle“*, ob positive oder negative, *„wollen gefühlt werden“* (vgl. Rogers 2007).

In Situationen, in denen sich eine Person angegriffen fühlt, ist der innere Drang zur Rechtfertigung groß, um vom Gegenteil zu überzeugen. Es ist eine Kunst, dann innerlich Ruhe zu bewahren und eine Meta-Ebene einzunehmen.

Kritischer Zwischeneinschub

Der begriffliche Unterschied zwischen Empathie und Mitgefühl (vgl. Bloom 2017, S. 24 ff.): **Empathie** beschreibt das Erspüren der Gefühle des Gegenübers und diese Gefühle als die eigenen nachzuempfinden. **Mitgefühl** fühlt man dagegen für den anderen Menschen. Man übernimmt die Emotionen nicht, sondern kann – durch das sich entwickelnde Verständnis für die Gefühle des anderen – überlegen, was gut für ihn wäre und ihm helfen könnte, während man durch zu viel Empathie die sachliche Ebene verlässt und durch die Emotionen handlungsunfähig werden kann.

AUFGABE

Reflektieren Sie eine schwierige Gesprächssituation aus Ihrem Alltag (privat oder beruflich). Rufen Sie sich die Situation vor Augen und stellen Sie sich vor, Sie hätten die oben beschriebene Meta-Ebene eingenommen, zugehört, die Bedürfnisse des Gesprächspartners hinterfragt und sich selbst in eine ruhige, zuhörende Rolle versetzt.

- Wie würden Sie die Gefühle der anderen Person beschreiben?
- Hätte die Situation einen anderen Ausgang gehabt, wenn Sie die Meta-Ebene eingenommen hätten? Welchen? Was wäre dann anders?

Besonders gut lässt sich ausprobieren und üben, diese mentale Ebene einzunehmen, wenn man wütende Kinder vor sich hat: ruhig bleiben und das Kind als den Experten seines Problems behandeln, also emphatisch, unterstützend und fragend.

Die Auseinandersetzung mit dem eigenen Selbstbewusstsein, dem genauen Hinschauen bei schwierigen Situationen und dem Bewusstsein über die Meta-Ebene schafft eine grundlegende Basis für eine kompetente Kommunikation. Im Folgenden geht es um die Entwicklung einer kompetenten Haltung gegenüber anderen.

3.3 Entwicklung einer kompetenten Haltung

Generell ist eine offene und wertschätzende Haltung gegenüber jedem Menschen anstrebenswert, denn nur so lässt sich dessen wahre Natur ergründen.

Das folgende Beispiel zeigt, dass selbst bei einer vermeintlich bekannten Person neue überraschende Verhaltensmuster auftreten können.

BEISPIEL

Familie M. ist bereits seit Jahren in der Einrichtung. Die Fachkraft hat schon drei Kinder dieser Familie auf ihrem Weg in die Grundschule begleitet. Sie meint, die Familie und ihre Haltungen zu kennen, und ist sehr überrascht, als Herr M. bei seiner jüngsten Tochter Trennungsprobleme zeigt und es immer wieder zu schwierigen Situationen bei der morgendlichen Übergabe kommt.

Das Wissen darüber, dass Wahrnehmungen und Grundhaltungen individuell und situationsabhängig variieren können, eine Justierung der Haltung möglich ist und es fast immer nicht nur eine Lösung für ein Problem gibt, sondern viele Handlungsmöglichkeiten und Strategien existieren, kann Handlungsräume erweitern und lösungsorientierte Wege öffnen.

3.3.1 Man kann nicht nicht kommunizieren

Eine neue Familie betritt die Kita. Der Vater fragt nach der Leitung, die Mutter lächelt freundlich und das Kind steht mit gesenktem Blick halb hinter der Mutter. An diesem Beispiel wird deutlich, dass der Vater verbal und die Mutter nonverbal kommunizieren. Das Kind scheint nicht zu kommunizieren.

Nach Watzlawicks berühmter Aussage: „Man kann nicht nicht kommunizieren“ kommuniziert jedoch selbst das halb versteckte, zu Boden schauende Kind. Denn durch seine Mimik und Gestik zeigt es, dass es sich an diesem Ort nicht wohlfühlt, ängstlich ist oder gerade nicht angesprochen werden möchte. Watzlawicks Aussage betrifft die nonverbale Kommunikation und ist auf die Körpersprache, die Mimik und Gestik bezogen (vgl. Watzlawick 2011).

3.3.2 Vier-Seiten-Modell

Um eine professionelle Haltung gegenüber anderen einnehmen zu können, kann das Wissen über verschiedene theoretische Modelle hilfreich sein. Anhand des Vier-Seiten-Modells wird deutlich, dass eine Aussage einerseits vom Sender mit gewissen Botschaften ausgesprochen und auf der anderen Seite vom Empfänger auf bestimmte Art und Weise empfangen werden kann.

Das Vier-Seiten-Modell der Kommunikation

Kenntnisse über dieses Kommunikationsmodell (vgl. Schulz von Thun 1981) können zur Vorbeugung und zur Klärung von Missverständnissen hilfreich sein. Das Modell basiert auf der Annahme, dass Kommunikation immer die Übermittlung einer Nachricht von einem Sender zu einem Empfänger darstellt. Die vier Seiten einer Nachricht stellte Schulz von Thun als Quadrat dar, die Sachinformationsseite, die Selbstoffenbarungsseite, die Beziehungsseite und die Appellseite. Der Sender spricht mit „vier Schnäbeln" und die Nachricht trifft auf „vier Ohren". Basierend auf den Kenntnissen kann man hinterfragen, auf welcher Ebene man Aussagen verstanden hat, oder nachfragen, wie die Nachricht interpretiert wurde.

BEISPIEL

Ein Kita-Leiter kommt in den Gruppenraum: **„Hier ist es so laut, ich kann mich gar nicht auf meine Arbeit konzentrieren."**

1. Sachinformations-Seite:
Die inhaltliche Aussage wird sachlich ausgelegt, eine Interpretation findet nicht statt. Der Geräuschpegel ist hoch. Er kann sich nicht konzentrieren.

2. Selbstoffenbarungs-Seite:
Kommunikation beinhaltet häufig persönliche Informationen des Senders. Der Geräuschpegel ist ihm zu hoch und er hat Schwierigkeiten sich zu konzentrieren. Möglicherweise fällt ihm die Arbeit heute besonders schwer.

3. Beziehungs-Seite:
Eine Aussage kann Informationen über die Beziehungen offenbaren.

Fachkräfte könnten auf der Beziehungsseite das Gefühl haben, dass sie die Kinder nicht richtig unter Kontrolle haben und sie ihre Aufgabe nicht gut erfüllen und somit der Leiter enttäuscht von ihnen ist.

4. Appell-Seite:
Häufig haben Nachrichten das Ziel, Einfluss auf jemanden zu nehmen. Apelle können offen oder versteckt formuliert sein; Letztere können manipulierend wirken.

Fachkräfte sollen dafür sorgen, dass die Kinder ruhiger werden, damit sie sich auf ihre Arbeit konzentrieren können.

Interessant werden die vier Seiten der Kommunikation, wenn sie von einem manipulierenden Sender auf der Sach-, Beziehungs- oder Selbstoffenbarungsebene funktionalisiert bzw. als Mittel zum Zweck genutzt werden. (vgl. Aich/Behr 2015, S. 28 ff.). Manipulierendes Verhalten auf der Beziehungsebene macht sich beispielsweise durch Komplimente oder unterwürfige Äußerungen bemerkbar.

Es kann hilfreich sein, auf der ....

* **Sach-Ebene** verständlich zu reden und analytisch zuzuhören,
* **Beziehungs-Ebene** seine Gefühle offen anzusprechen, aktiv zuzuhören und sich gegenseitig Feedback zu geben,
* **Selbstoffenbarungs-Ebene** Missverständnissen durch das Senden von Ich-Botschaften und das Erklären seiner Haltungen und Absichten vorzubeugen,
* **Appell-Ebene** sachlich zu argumentieren, Fragen zu stellen und sich bewusst über faires und unfaires Verhalten zu werden.

AUFGABE allein oder im Team

Überlegen Sie sich, wie folgende Botschaften wahrgenommen werden könnten: „Komm jetzt bitte, das Essen ist fertig.“ – „Der Kinderarzt hat angerufen.“ – „Es ist Montag und die Arbeitswoche beginnt wieder.“ – „Ich will meine Schuhe nicht anziehen.“

AUFGABE allein

Während oder nach einem Konflikt können Sie überlegen, wer welche Aussage wie gemeint und wie verstanden haben könnte. Das alltägliche Anwenden des Vier-Seiten-Modells kann dabei helfen, bei Konflikten schneller auf eine Meta-Ebene zu kommen.

3.3.3 Transaktionsanalyse

Die Transaktionsanalyse dreht sich unter anderem um vier verschiedene Einstellungskombinationen (vgl. Berne 2016).

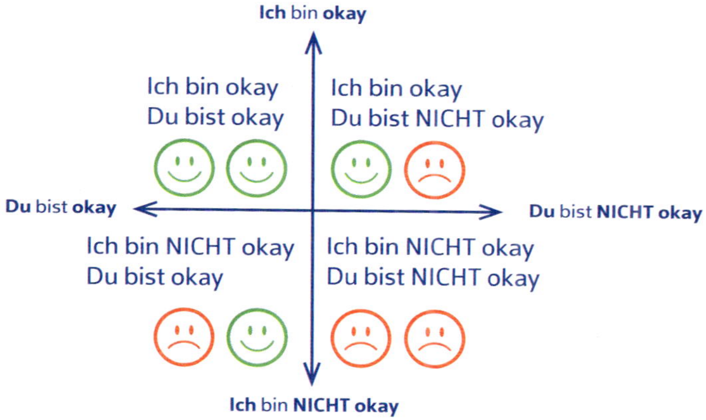

Das Wissen über die vier **Grundeinstellungen** kann dabei helfen, Gespräche professionell und selbstsicher zu planen, zu führen und zu reflektieren (vgl. Aich/Behr 2015, S. 62 ff.).

a) „Für mich bin ich O.K. und für mich bist du O.K." (+/+)

Mit dieser positiven Grundeinstellung ist man mit sich selbst (mit seinen Stärken und Schwächen) und mit dem anderen (mit dessen Stärken und Schwächen) im Reinen. Man fühlt sich nicht über- und auch nicht unterlegen, sondern nimmt eine akzeptierende Haltung ein. Eine klare wertschätzende, offene, strukturierte Kommunikation kennzeichnet diese Grundeinstellung (vgl. Aich/Behr 2015, S. 62 ff.). Probleme werden angenommen und Emotionen werden als Selbstoffenbarung geschätzt. Ein akzeptierendes Bewusstsein und eine selbstreflektierte Haltung über das eigene Befinden, die Gefühle und Bedürfnisse liegen dieser Grundeinstellung zugrunde.

Das Expertenkonzept kann dazu beitragen, dass diese positive Grundeinstellung gefördert wird.

b) „Für mich bin ich O.K. und für mich bist du nicht O.K." (+/–)

Diese Grundeinstellung kennzeichnet eine dominante Haltung gegenüber dem Gesprächspartner. Man empfindet sich selbst als handlungsfähig, wissend, helfend, während der andere als hilflos, passiv oder unkooperativ eingeschätzt wird (vgl. Aich/Behr 2015, S. 62 ff.). Es werden gut gemeinte Ratschläge gegeben und nur die eigenen Ideen und Lösungen als geeignet betrachtet. Auswirkungen für das Gespräch können gegenseitige Rivalitäten oder ein akzeptierendes Unterordnen (z. B. Beschwichtigen mit „Ja, ja ..." und späteres Ignorieren) sein. Es wird zwischen zwei Ausprägungen unterschieden.

b1) Die nett-dominierende Variante zeichnet sich durch eine fremdbestimmende, überfürsorgliche, gut gemeinte Haltung aus. Gut gemeinte Ratschläge werden erteilt und eine passive, unfähige oder hilflose Sichtweise auf den Gesprächspartner steht im Vordergrund (vgl. Aich/Behr 2015, S. 62 ff.).

- *„Ich weiß, was gut für Sie ist/wie Sie es machen sollen ..."*
- *„Sie brauchen sich keine Sorgen machen, ich regle das für Sie ..."*
- *„Setzen Sie meinen Ratschlag um, dann wird alles besser ..."*

b2) Die aggressiv-dominierende Variante ist durch eine bevormundende und offen herabsetzende Haltung gekennzeichnet. Ein anweisendes, besserwisserisches, arrogantes ggf. auch aggressives Verhalten beschreibt diese Einstellung (vgl. Aich/Behr 2015, S. 62 ff.).

- *„Sie müssen ...!"*
- *„So kann es nicht weitergehen, Sie sollten etwas ändern ...!"*
- *„Wenn Sie so weitermachen ..."*

c) „Für mich bin ich nicht O.K. und für mich bist du O.K." (–/+)

Diese Grundeinstellung ist durch ein negatives Selbstkonzept geprägt (Niedergeschlagenheit, Hilflosigkeit). Menschen mit der Einstellung (+/–) geben gerne Ratschläge, sie wollen helfend bzw. eingreifend tätig werden. Somit scheinen Menschen mit der Grundeinstellung (+/–) und (–/+) gut zueinander zu passen. Sobald es allerdings darum geht, die Ratschläge umzusetzen, scheitert diese Passung, da die Person (–/+) sich lieber weiterhin passiv in ihrer hilflosen Rolle befindet, nicht aktiv wird und sich damit selbst negativ bestätigt. Menschen mit der Einstellung (–/+) nehmen fast automatisch eine passive Rolle ein (vgl. Aich/Behr 2015, S. 62 ff.).

- *„Immer ziehe ich den Kürzeren ..."*
- *„Ich bekomme es einfach nicht hin ... Ich bin ratlos ..."*
- *„Wie soll ich das bloß alles schaffen ...?"*

Wie ist es möglich, eine (+/+) Haltung einzunehmen, wenn man das Gefühl hat, dass diese Eltern einen „Retter" brauchen und sie tatkräftig unterstützen kann?

Fachkräfte versuchen alltäglich, jedes Kind so anzunehmen, wie es ist. Sie unterstützen es dabei, seine Entwicklungsschritte allein zu schaffen. Wie wäre es, diese Sichtweise auch auf Eltern und ihre Wege und Handlungsweisen zu übertragen? Nach dem Motto von Maria Montessori: Hilf mir, es selbst zu tun!

d) „Für mich bin ich nicht O. K. und für mich bist du nicht O. K." (–/–)

Mit dieser Grundeinstellung sehen Menschen sich selbst und ihre Umwelt mit großem Pessimismus – *„Es ist alles sinnlos!"* – Sie erleben Anforderungen als Belastungen, haben Angst und möchten in Ruhe gelassen werden (vgl. Aich/Behr 2015, S. 62 ff.).

- *„Es bringt sowieso nichts ..."*
- *„Sie verstehen einfach nicht, wie schlecht es mir geht."*
- *„Ich habe doch schon alles versucht ... Mischen Sie sich nicht ein!"*

Eine destruktive und passive Einstellung lädt Fachkräfte förmlich dazu ein, in eine (+/–) Grundeinstellung zu wechseln, daher kann es hilfreich sein, immer wieder zu reflektieren, dass ...

* der Mensch für seine Lebenswege selbst verantwortlich ist,
* *keine Antwort auch eine Antwort* ist (vgl. Schulz von Thun, 1981),
* es okay ist, wenn man in einer schwierigen Phase ist, und dass die Verantwortung, wieder herauszukommen, bei der Person liegt,
* man sie einladen kann, sich zu öffnen, aber die Entscheidung bei ihr selbst liegt,
* beide Parteien zu 50 % für den Gesprächsverlauf verantwortlich sind.

In schwierigen Elterngesprächen sollte die Grundposition der Fachkraft immer bei (+/+) gehalten werden, diese Einstellung gilt als zentrale Gesprächsposition. Eine wertschätzende, offene, echte, selbstbewusste und akzeptierende Haltung liegt dieser zugrunde. Auch die Einsicht, dass Sie nicht die alleinige

Verantwortung für das Gelingen des Gesprächs haben, hängt damit zusammen (vgl. Aich/Behr 2015, S. 85 ff.) und auch, dass Ihr Verhalten nicht vom unproduktiven Verhalten des anderen abhängig ist (vgl. Behr/Franta 2003, S. 19 ff.), sondern Sie jederzeit selbst entscheiden, wie Sie handeln.

Das Wissen darüber, dass es nicht nur harmonische Gespräche geben kann, dass Grenzen auch bei einer professionellen Gesprächsführung auftreten können und man sein Bestes geben kann, dies aber manchmal einfach nicht reicht, gehört zu der Grundeinstellung (+/+) dazu.

- Mithilfe einer Meta-Perspektive kann die eigene Einstellung auf *„Für mich bin ich O.K. und für mich bist du O.K. (+/+)“* justiert werden.
- Das Wissen über die Grundeinstellungen macht es leichter, angemessen auf den Gesprächspartner zu reagieren, sodass Missverständnisse erkannt werden und auf diese verantwortlich und professionell reagiert werden kann.
- Der Gesprächsverlauf wird transparenter und eine bewusste Steuerung wird möglich. Man kann versuchen, dem Gesprächspartner dabei zu helfen, eine positive Grundeinstellung (+/+) einzunehmen.

ACHTSAMKEIT

In Elterngesprächen können verschiedene Grundhaltungen eingenommen werden. Negative Grundhaltungen können schwierige Kommunikationsverläufe mit sich bringen.

AUFGABE allein

Überlegen Sie, was Ihnen in schwierigen Situationen helfen könnte, wieder die Einstellung (+/+) einzunehmen. Notieren Sie sich Ihre Selbst-Check-up-Hilfen.

– Stellen Sie sich eine Situation vor, in der Sie sich unsicher, ängstlich oder hilflos fühlen (–/+) z. B. eine schwierige Situation, die Mut erforderte. Was könnte Ihnen dabei helfen, Ihr Selbstkonzept zu stärken *(vielleicht Ihre positiven Eigenschaften; der Gedanke an Menschen, die an Sie glauben; Glücksbringer ...)*

- Stellen Sie sich eine Situation vor, in der Sie eine Haltung (+/–) einnehmen, eventuell, wenn Sie jemandem unbedingt helfen möchten, der in Ihren Augen hilflos und passiv ist. Sie haben einen Ratschlag im Kopf. Allerdings sollte die andere Person wieder dazu befähigt werden, ihre Probleme selbst zu lösen, die Verantwortung sollte bei ihr gelassen werden. Nun stellt sich die Frage, was könnte Ihnen dabei helfen, Ihre eigene Haltung zu justieren, die Person nicht mehr als hilflos wahrzunehmen, sondern als Experte für ihr Problem und in der Lage, sich selbst Handlungsmöglichkeiten auszudenken.
  Vielleicht hilft es, in Erinnerung zu rufen, dass die Person es bis hierhin geschafft hat und nun selbst weiß, was ihr selbst am besten helfen kann. Was hat sie bereits in ihrem Leben geschafft? Welche Eigenschaften haben ihr wohl dabei geholfen?

3.3.4 Personenzentrierte Gesprächsführung und Expertenkonzept

Das Motto des Expertenkonzepts *„Der Experte des Problems ist gleichzeitig der Experte der Lösung"* beruht auf der personenzentrierten Gesprächsführung (vgl. Rogers 1957/1959). Bei dieser geht es darum, wie man der Gesprächspartnerin bzw. dem Gesprächspartner dabei helfen kann, selbst auf die Lösung zu kommen. Nach Rogers ist es dafür wichtig, dem Menschen empathisch, wertschätzend und echt zu begegnen. Die Voraussetzung dafür ist, sich seiner eigenen Gefühle bewusst zu sein und diese regelmäßig zu reflektieren (Meta-Ebene).

* **Empathie:** Zeigen und Ausdrücken, welche Gefühle beim Gesprächspartner wahrgenommen werden. Empathie kann durch eine bewusste Körperhaltung und Blickkontakt gezeigt werden.
* **Wertschätzung:** Die Akzeptanz der menschlichen Fehlbarkeit und dem *„So sein, wie man ist"*, wertschätzend begegnen, damit der andere sich erwartungsfrei öffnen kann. Die Würde des Gesprächspartners respektieren, um seine guten und schlechten Seiten akzeptieren zu können.

* **Echtheit:** Eine vertrauensvolle Basis kann durch ein offenes Gegenübertreten geschaffen werden.

Eine mitfühlende, wertschätzende und echte Haltung kann dem Gesprächspartner dabei helfen, in eine lösungsorientierte Richtung zu gehen.

3.3.5 Systemische Gesprächsführung und Expertenkonzept

Auf der Basis der systemischen Gesprächsführung wurde das Expertenkonzept konzipiert. Eltern und Fachkräfte beobachten auf unterschiedliche Art und Weise; auch die Wahrnehmung unter Fachkräften variiert höchstwahrscheinlich, selbst wenn sie das Kind zur selben Zeit in derselben Situation beobachten.

Jede Persönlichkeit nimmt ihre Welt unterschiedlich war und interpretiert sie auf ihre Weise. *„Es wird niemals zwei Menschen geben, die zugleich auf die gleiche Art und Weise das Gleiche erleben“* (vgl. Radatz 2011, S. 33). Daher kann man davon ausgehen, dass jeder Mensch seine Wirklichkeit selbst konstruiert.

Haltungsgrundlagen für die systemische Gesprächsführung (vgl. Radatz 2011, S. 109):

* Wertschätzung vermitteln
* aktiv zuzuhören
* Ratschläge vermeiden und eigene Meinung zurückzuhalten
* Fragen stellen, um Lösungen zu erarbeiten

Folgendes Beispiel kann verdeutlichen, wie das Expertenkonzept mit der systemischen Gesprächsführung *Hand in Hand geht.*

BEISPIEL

Alle Familienmitglieder sind ständig müde, weil das Kind nachts sehr unruhig schläft, viel weint oder schreit und immer wieder in das Bett der Eltern kommen möchte. Die Eltern bringen das Kind wieder zurück in sein Zimmer und halten seine Hand, bis es eingeschlafen ist. Dies ist jedoch zeitaufwendig. Ein Nachtlicht haben sie bereits aufgestellt und ein Töpfchen steht bereit. Dennoch kommt es bis zu viermal in der Nacht zu den Eltern ins Bett oder weint/schreit nach ihnen.

Einigen Fachkräften liegen möglicherweise sofort gut gemeinte Ratschläge auf der Zunge. Vorsicht! Eltern sind selbst fähig, ihre Situation zu lösen. Sie haben die entsprechende Selbstverantwortung und sind in den meisten Fällen gesund und fähig zur Problemlösung. Meist wird im Elterngespräch deutlich, dass sie ihr Problem erkannt und bereits Lösungsmöglichkeiten ausprobiert haben.

Im Folgenden wird beschrieben, wie die Mittagsschlafsituation in der Kita wahrgenommen wird, sodass beide Wahrnehmungsebenen neutral nebeneinanderstehen.

Das Kind macht in der Kita Mittagsschlaf. Die Fachkräfte haben die Erfahrung gemacht, dass es problemlos (auch ohne Hand) einschlafen kann und zufrieden und ausgeschlafen aufwacht, wenn es geweckt wird. Es macht einen zufriedenen und entspannten Eindruck.

Es wird deutlich, dass sich das Kind in den jeweiligen Umgebungen anders verhält. *„Alles Handeln macht Sinn für den Handelnden – in dem Augenblick in dem er handelt“* (vgl. Radatz 2011, S. 39). Das Kind verhält sich demnach in seinen sozialen Systemen (zu Hause und in der Kita) unterschiedlich, und es ist davon auszugehen, dass die Kommunikation und die Handlungen, also die *Verhaltensmuster*, nicht die gleichen sind.

BEISPIEL

Der folgende Gesprächsausschnitt macht deutlich, dass die Fachkraft ***viele Fragen stellt und häufig zusammenfasst:*** *Die Fachkraft fragt, ob das Kind in der Nacht neben dem Weinen noch etwas sagt, um herauszufinden, warum das Kind sich so verhält. Die Eltern erzählen, dass es immer in das Bett der Eltern möchte.*

Fachkraft: *„Wir sollten davon ausgehen, dass jedes Verhalten einen Grund hat, daher sollten wir uns fragen, welche Bedürfnisse wohl hinter dem Ins-elterliche-Bett-Kommen stehen könnten.“*

Die Eltern erzählen, dass sie durch das Aufschrecken und Weinen das Gefühl haben, dass das Kind Angst hat und das Bedürfnis nach Nähe verspürt. Deswegen kommen sie ja auch immer mit ins Kinderzimmer und halten zum Einschlafen seine Hand. Sie haben aber ihrerseits den Wunsch, dass das Kind nicht mit im Elternbett schläft.

Fachkraft: *„Sie vermuten, dass Ihr Kind bisher Angst in seinem Zimmer hat und deswegen nachts so unruhig schläft und weinend zu Ihnen kommt. Sie möchten es wieder beruhigen, allerdings möchten Sie es nicht in Ihrem Bett haben, sondern bringen es jedes Mal wieder zurück.“ Die Eltern nicken.*

Fachkraft: *„Was müsste passieren, damit Ihr Kind sich zukünftig anders verhält?“*

Die Eltern überlegen und sagen: „Wahrscheinlich müsste beim Aufwachen in der Nacht jemand bei dem Kind sein, damit es wieder beruhigt einschlafen kann. Manchmal, wenn wir so müde sind, dass wir es nicht ins große Bett schaffen, schlafen wir beim Kind ein.“

Fachkraft: *„Merken Sie dann einen Unterschied?“*

„Ja, es nimmt sich die Hand und schläft beruhigt wieder ein“, antworten die Eltern.

Fachkraft: *„Wenn Sie neben Ihrem Kind einschlafen, merken Sie, dass es schneller einschlafen kann, als wenn es aufgestanden wäre und von Ihnen wieder zurückgebracht worden wäre.“* – „Ja genau, so ist es.“

Die Fachkraft versucht nun, das Problem auf den Punkt zu bringen und fragt: „Denken Sie, dass die bisherige Angst und das Bedürfnis nach Nähe hinter der nächtlichen Unruhe stecken?“ *Die Eltern nicken. Die Fachkraft beginnt nun ihre Beobachtungen zu schildern und fasst danach zusammen: „Beim Mittagsschlaf befindet sich immer eine Person im Raum. Vielleicht gibt dies und das Wissen, dass die anderen Kinder auch schlafen, dem Kind Sicherheit.“*

Eltern können durch die systemische Herangehensweise zu jeder Zeit des Gesprächs die *Experten der Situation* bleiben. Die Familie kann für sich selbst überlegen und entscheiden, was die beste Lösung für sie ist. Nur wenn die Lösung zu der Familie passt, ist sie bereichernd. Nicht selten setzen unsichere Eltern *gut gemeinte Ratschläge von Dritten* um, die mit ihren eigenen Gefühlen oder Haltungen nicht übereinstimmen. Ob sich die Familie nach der Erkenntnis, dass das Bedürfnis nach Nähe die nächtliche Unruhe verursacht, dafür entscheidet, dass …

* ein Erwachsener im Kinderzimmer schläft,
* das Kind nach dem ersten Aufwachen ins Schlafzimmer kommt,
* ein Beistellbett an das große Bett gestellt wird,

ist ihre Entscheidung und kann im Alltag immer wieder neu angepasst und überlegt werden. Wichtig ist, dass die Handlungsmöglichkeiten auf dem Weg zur Lösung erleichternd und entlastend sind.

Das Austauschen während des Gesprächs über die Verhaltensmuster der Eltern und der Fachkräfte sowie gemeinsam zu überlegen, welche Bedürfnisse hinter dem kindlichen Verhalten liegen, kann dabei helfen, sich besser in die Lage des Kindes zu versetzen, ein besseres Verständnis der Situation zu erlangen und ins lösungsorientierte Denken zu kommen.

Die Gesprächsstrategien der systemischen Gesprächsführung helfen ...

* beim Verständnis des Problems,
* bei einer Haltung gegenüber den Eltern, die sie als aktiv, selbstverantwortlich und als Experten für das Problem darstellt, nach dem Motto: Hilf mir, mein Problem selbst zu verstehen,
* keine Hypothesen über die Familie zu kreieren und keine Ratschläge zu geben.

3.4 Strategien der Resilienz

Besondere Fähigkeiten, wie Strategien der Resilienz, können neben einer selbstbewussten Rollenübernahme und einer professionellen Haltung (vgl. Kap. 3.3) zu einer kompetenten Gesprächsführung beitragen.

Resiliente Personen schaffen es, schwierige Situationen durch stressreduzierende Verhaltensanpassungen zu überwinden und daraus gestärkt hervorzugehen (vgl. z. B. Hu/Zhang/Wang 2015, S. 18 ff.). Resiliente Menschen werden als diejenigen beschrieben, die nach jedem Mal Hinfallen wieder aufstehen und es noch einmal ver-

suchen. Ressourcen, die diese Fähigkeit begünstigen, sind sogenannte Resilienzfaktoren, wie z. B. Selbstwertgefühl, Selbstwirksamkeit, eine positive Lebenshaltung und ein unterstützendes soziales Umfeld (vgl. Kalisch/Müller/Tüscher 2015).

Die acht Resilienz-Schlüssel

Der Aufbau der **acht Resilienz-Schlüssel** (vgl. Vogt 2021, S. 69 ff.) zeigt einen Lösungsprozess auf, der in seinen einzelnen Etappen hilfreich für eine Problembewältigung hin zur Lösungsfindung sein kann, daher werden diese in Kap. 5.3, S. 112 im Gesprächsleitfaden für Problemgespräche erneut aufgegriffen.

Beginnend mit einer **akzeptierenden Haltung**, hin zu einem **optimistischen Denken**, weiter zur Umsetzung in die **Selbstwirksamkeit** und danach zum **Übernehmen der Verantwortung**, daraufhin überlegen, welche **Beziehungen als Ressource** hilfreich sein können, und schließlich zur **Lösungsorientierung** – so bauen die Resilienz-Schlüssel aufeinander auf.

Die zwei letzten Resilienz-Schlüssel befassen sich mit dem **Einkalkulieren von** schwierigen Zeiten bzw. **Misserfolgen** und der Entwicklung bzw. **Stärkung des** persönlichen **Kohärenzgefühls**, somit können sie als eine Art Back-up-Programm gesehen werden.

AUFGABE allein

Nutzen Sie die Selbstreflexionsfragen nach den acht Resilienz-Schlüsseln im Download-Material, um erlebte schwierige Situationen zu reflektieren. Diese Herangehensweise kann Ihnen selbst und Ihrem Gesprächspartner oder Ihrer Gesprächspartnerin helfen, einen strategischen Umgang mit Problemen zu entwickeln, sie Schritt für Schritt aufzulösen und gestärkt aus schwierigen Situationen hervorzugehen.

4 Gesprächs- und Fragetechniken

Kommunikation besteht aus verbalen und nonverbalen Anteilen. Es ist zu vermuten, dass eine Sensibilisierung für nonverbale Signale und die Aneignung von verbalen Gesprächstechniken pädagogische Fachkräfte bei einer professionellen Gesprächsführung unterstützen können und diese zur Selbstsicherheit in Elterngesprächen beitragen kann.

Ein vertieftes Wissen über Kommunikationsprozesse und -techniken kann dabei helfen, ...

* dem Gesprächspartner oder der Gesprächspartnerin auf Augenhöhe, akzeptierend und verständnisvoll gegenüberzutreten,
* einander zu verstehen, Wünsche und Bedürfnisse zu äußern,
* sachlich zu argumentieren,
* emotionalen Ausbrüchen verständnisvoll begegnen zu können,
* Gespräche in eine positive Richtung zu lenken und Missverständnissen vorzubeugen,
* Gespräche zu entschleunigen,
* selbstbewusst und professionell Gespräche zu führen und gewappnet für schwierige Gespräche zu sein.

Was sagt die Wissenschaft? Im Elementarbereich zeigen zwei Studien Hinweise dafür, dass erfahrene Fachkräfte und Studierende der Kindheitspädagogik nach einer Fortbildung/einem Seminar Gesprächs- und Beratungskompetenzen erworben haben (vgl. Strodthoff 2022; Grund/Behr et. al. 2019).

Eine Befragung zeigte: Fachkräfte schreiben den eigenen Erfahrungen und der persönlichen Biografie mehr Bedeutung zu als den Ausbildungsinhalten (vgl. z. B. Fröhlich-Gildhoff/Weltzien 2014, S. 173f.). Daher ist anzunehmen, dass Gesprächskompetenzen in der pädagogischen Praxis durch Elterngespräche entwickelt werden.

Gesprächstechniken können wie Werkzeuge ausgewählt werden, wenn Ihre Gesprächspartner z. B. von einem Problem berichten, anfangen zu weinen, wütend werden, schimpfen, sich zurückziehen oder schweigen. Strategisch sinnvoll eingesetzte Gesprächs- und Fragetechniken können ein Elterngespräch nach dem Expertenkonzept unterstützen. Während Sie den Eltern mitfühlend zuhören, können Sie auf der Meta-Ebene ...

* wahrnehmen, welche Haltung die Eltern eingenommen haben
* wahrnehmen, welche Haltung Sie selbst eingenommen haben
* überlegen, ob und wie eine Justierung durch geeignete Gesprächs- und Fragetechniken möglich ist (siehe hierzu auch Kap. 5.2).

4.1 Kommunikationswerkzeuge – Gesprächstechniken

Die Kommunikationswerkzeuge werden im Folgenden in Gesprächs- und Fragetechniken eingeteilt. Bei den **Gesprächstechniken** stehen das mitfühlende Zuhören, das gleichzeitige Reflektieren der Grundhaltungen (siehe Kap. 5.2) und die Berücksichtigung der Gesprächsziele im Vordergrund (siehe Kap. 5.3).
(Die Tabelle finden Sie auch zum Ausdrucken im Downloadmaterial.)

4.1.1 Zuhören und Zusammenfassen

Aufmerksam zuhören zu können, ist eine wichtige Fähigkeit, die ein Gespräch ausmachen und gestalten kann. Nur wenn jemand wirklich zuhört, kann ein Austausch stattfinden. Ist man zu sehr auf seine eigene Argumentation fokussiert, kann es schwer sein, sich einzulassen, und der Gesprächspartner fühlt sich eventuell nicht wahr- oder ernstgenommen.

AUFGABE im Team

Zuhören zu üben, ist bei jedem Gespräch ganz spontan möglich. Hören Sie bewusst zu, stellen Sie Ihre Argumente zurück und lassen Sie sich ganz auf Ihren Gesprächspartner ein.

* Welche Erfahrungen machen Sie?
* Wie fühlen Sie sich dabei?
* Wie empfand Ihr Gesprächspartner Ihr *offenes Ohr*?

Paraphrasieren

Paraphrasieren beschreibt eine mit eigenen Worten formulierte konkrete Wiedergabe eines Gesprächsinhalts. Die sachlichen Anteile einer Botschaft werden wiederholt (möglichst nicht interpretiert) und die emotionalen Anteile weggelassen.

* Was ist der sachliche Inhalt der Botschaft?
* Was möchte mir mein Gesprächspartner vermitteln?

Diese Gesprächstechnik eignet sich, um Informationen auf den Punkt zu bringen und Missverständnisse zu vermeiden. Sie hilft dem Gesprächspartner, eine Struktur zu finden und zu überprüfen, ob alle relevanten Argumente berücksichtigt wurden.

In emotionalen Situationen kann diese Strategie bei der „*Beruhigung der Gemüter*" helfen. Das Paraphrasieren kann als erste Hilfe bei persönlichen Angegriffen genutzt werden, um das Gespräch wieder auf eine professionelle Ebene zu bringen.

Ziele: Zusammenfassung, Konfliktgespräche entschleunigen, Missverständnisse vermeiden, Gesprächspartner fühlt sich verstanden.

BEISPIEL

„Zusammenfassend ist Ihnen wichtig ... 1.) ... 2.) ... 3.) ..."
„Sie meinen ..."
„Sie legen Wert darauf, ..."
„Wenn ich Sie richtig verstanden habe, ..."

Negativ oder dogmatisch formulierte Aussagen können durch das sogenannte lösungsorientierte Paraphrasieren neutralisiert, aufgeweicht oder positiv umformuliert werden (vgl. Lindemann et al. 2021, S. 73 ff.). Das bewusste Weglassen von Beleidigungen und Wertungen kann ein lösungsorientiertes Denken anstoßen und das Gespräch kann auf einer neutralen Ebene gehalten werden.

BEISPIEL

Eltern: *„Immer verschwinden unsere Mützen. Fast jede Woche kaufen wir eine neue und dann verwindet sie wieder. Irgendein Idiot klaut sie immer!"*
Fachkraft: *„Sie fragen sich, wo Ihre Mützen sind. Sie sorgen dafür, dass wieder eine Mütze da ist und ärgern sich darüber, dass sie in letzter Zeit verschwunden sind."*

Abgrenzung: Im Vergleich zum Paraphrasieren kann beim aktiven Zuhören auf die Gefühle eingegangen werden. Das Wissen über diese beiden Gesprächstechniken befähigt Sie zu einem bewussten Abwägen. Entscheiden Sie selbst, ob es in der aktuellen Gesprächsphase eher darum geht, die Emotionen durch aktives Zuhören aufzufangen und ihnen dadurch Mitgefühl zu vermitteln, oder ob eine sachliche Zusammenfassung durch Paraphrasieren sinnvoller ist, um z. B. Missverständnisse zu vermeiden oder Konfliktgespräche zu entschleunigen.

Aktives Zuhören

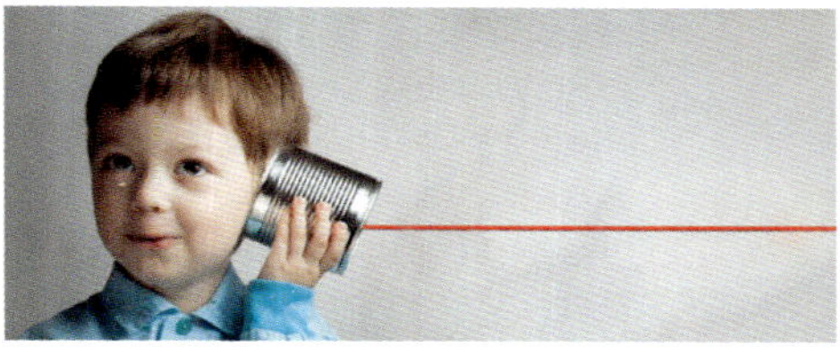

Aktives Zuhören beschreibt eine Technik, die die emotionale Situation des Gesprächspartners berücksichtigt und widerspiegelt, welche Gefühle wahrgenommen wurden.

Es kann dabei helfen, Vertrauen aufzubauen, Wertschätzung zu zeigen und frühere Konflikte zu überwinden.

Wer versucht, sich beim aktiven Zuhören in den Gesprächspartner hineinzufühlen, achtet auf dessen Mimik, die Wortwahl und die Betonung. **Ziele:** Gefühle und Bedürfnisse wahrnehmen, Wertschätzung vermitteln, Vertrauen aufbauen.

BEISPIEL

„Sie machen sich Sorgen über ...“
„Ich verstehe, Sie haben Angst, dass ...“
„Sie fühlen sich noch unsicher ...“
„Sie ärgern sich über ...“

4.1.2 Reaktionen auf Pauschalisierungen

Pauschalisierungen, wie *„Immer fühle ich mich so durch den Tag gehetzt“* oder *„Immer zeigt das Kind destruktives Verhalten“*, können die Aussagen des Gesprächspartners durch folgende indirekte Techniken zu einem optimistischen Denken bringen.

Bisher .../... in letzter Zeit ...

Pauschalisierungen können mit Zeiteingrenzungen abgemildert werden. Zukünftiges Verhalten ist nicht vorhersehbar, daher sind Eingrenzungen der Vergangenheit sinnvoll. Danach kann eine indirekte, lösungsorientierte „noch nicht“-Formulierung zum positiven Denken anregen.

BEISPIEL

*„**Bisher** fühlen Sie sich ziemlich gestresst ...“*
*„**In letzter Zeit** zeigt das Kind häufig ... “*

„... noch nicht ...“

Die Wörter „... noch nicht/noch keine/noch zu wenig ...“ können, besonders nach Pauschalisierungen (wie *„immer“* oder *„nie“*), den Fokus vom Problem weg hin zu Chancen, Ideen und Lösungswegen lenken (vgl. Prior 2021, S. 44 ff.).

BEISPIEL

*„Sie haben **noch nicht** genügend Wege gefunden, um ...“*
*„Sie haben es **bisher noch nicht** geschafft ... “*
*„... **noch zu wenige** Möglichkeiten überlegt, um ...“*
*„... **noch zu wenig** Strategien entwickelt, um ...“*
*„... **noch keine** Kraft/Zeit gefunden, um ...“*

4.1.2 Ich-Botschaften

Ich-Botschaften werden nicht selten falsch genutzt und ihr Sinn dann missverstanden. Nicht jede Aussage mit „Ich“ stellt eine Ich-Botschaft dar. Ich-Botschaften enthalten keine Wertungen, Verallgemeinerungen, Forderungen, Vergleiche, Verabsolutierungen oder Schuldzuweisungen, auch wenn manche dieser Aussagen mit einem „Ich“ beginnen (vgl. Lindemann et al. 2021, S. 81 ff.)

Vielmehr beinhalten Ich-Botschaften Aussagen über ...

- die **eigene Wahrnehmung** (keine Wertung oder Interpretation)
  „Ich habe gehört/gesehen, ...“
  „Ich erzähle Ihnen kurz, was passiert ist ...“
  „Mir wurde gesagt, dass ...“
- die **eigenen Gefühle** (keine Unterstellungen, z. B.: „Sie setzen mich unter Druck!“)
  „Mich macht es traurig ...“
  „Ich mache mir Sorgen ...“
- die **eigenen Bedürfnisse**
  „Mir ist es lieber, wenn wir das Gespräch pünktlich beenden.“
  „Mir ist gegenseitige Ehrlichkeit wichtig.“
  „Ich möchte gerne Klarheit ...“
- **Wünsche oder Bitten** an jemanden (positiv, konkret, messbar)
  „Ich wünsche mir eine kurze Bedenkzeit. Fünf Minuten Pause machen?“
  „Können Sie mir bitte zuhören, ohne mich zu unterbrechen.“

Du-Botschaften sollten vermieden werden. Sie beziehen sich auf andere Personen oder Zustände und umfassen Wertungen („*Das ist schrecklich!*“); Verallgemeinerungen („*Man kann doch nicht ...*“); („*Jeder macht es doch so ...*“); Forderungen („*Sie müssen ...*“); („*Das sollten Sie aber ...*“); Vergleiche („*Du bist wie ...*“); („*Die anderen sind auch nicht ...*“); Verabsolutierungen („*Das kann gar nicht funktionieren.*“ – „*Ich soll doch immer ...*“); Schuldzuweisungen („*Du enttäuschst mich.*“ – „*Ich fühle mich von dir in die Ecke gedrängt.*“) (vgl. Lindemann et al. 2021, S. 84 ff.)

4.1.3 Gewaltfreie Kommunikation

Die gewaltfreie Kommunikation ist eine Methode, durch die eine Person Bitten, Wünsche oder Aufforderungen äußern kann, ohne rhetorische Machtmittel einzubeziehen (wie z. B. Schuldzuweisungen, Wertungen, Forderungen, Verallgemeinerungen). Zudem wird durch diese Methode ein gewaltfreies Paraphrasieren und ein gezieltes Fragen nach den Beobachtungen, Gefühlen, Bedürfnissen und Wünschen ermöglicht (vgl. Rosenberg 2016).

Marshall Rosenberg beschrieb die gewaltvolle und die gewaltfreie Sprache mit einem Schakal und mit einer Giraffe (vgl. Rosenberg 2021). Der Schakal versinnbildlicht verbale Attacken und das Verletzen mit Worten. Die Giraffe steht mit ihrem großen, leistungsstarken Herzen für eine mitfühlende, Gefühle und Bedürfnisse berücksichtigende Kommunikation und mit ihrem langen Hals für eine Perspektive, aus der man die Welt von oben betrachten kann.

Auf der Basis von **Ich-Botschaften** wird in vier Schritten eine Äußerung kreiert (vgl. Lindemann et al. 2021, S. 91):

1) eigene Beobachtung (ohne Wertung) schildern
   „*Wenn ich ... sehe/höre/rieche ...*“

2) eigene Gefühle benennen
   „... bin ich ... /fühle ich mich ...“

3) eigene Bedürfnisse äußern
   „... weil ich ... möchte/brauche ...“ „... weil mir ... wichtig ist“

4) eine realistische Bitte/Wunsch formulieren
   „Kannst du ...?“/ „Um mir das zu erfüllen, werde ich ...“/ „Wärst du dazu bereit, mir bei ... zu helfen?“

Zu 1) Neutrale Beobachtungen sollten ohne Wertungen oder Verallgemeinerungen formuliert werden. Vermieden werden sollten demnach Aussagen mit ...

* qualitativen Wertungen (schön, faul, richtig, falsch, gut, schlecht ...),
* quantitativen Wertungen (oft, immer, selten, groß, klein, viel, wenig ...),
* Verallgemeinerungen (immer, nie, jeder ...).

Zu 2) Die Verantwortung für die eigenen Gefühle sollte bei der Person selbst bleiben und nicht jemand anderem zugeschrieben werden.
Unterstellungen lassen sich durch bestimmte Vorsilben erkennen, wie *an-, ab-, be-, ent-, er-, ge-, un-, über-, ver-, zer-;* diese verweisen auf einen Verursacher, der für die eigenen Gefühle verantwortlich ist, wie sich getröstet, beschützt oder verlassen fühlen (Gefühl der Angst).
Gefühlsäußerungen ohne Unterstellungen

* **Gefühle bei befriedigten Bedürfnissen**
  Glück, Liebe, Begeisterung, Freude, Neugier, Mut, Entspannung,
* **Gefühle bei unbefriedigten Bedürfnissen**
  Ärger, Wut, Frustration, Verwirrung, Erschrecken, Ekel, Scham, Neid, Eifersucht, Einsamkeit, Enge, Trauer

Zu 3) Gefühle zeigen sich, wenn Bedürfnisse erfüllt oder nicht erfüllt sind (fehlende Sicherheit und Misstrauen machen mich traurig). Maslow beschreibt anhand einer Pyramide folgende Bedürfnisse (vgl. Maslow 1987, S. 987 ff.):

1) Grundlegende Bedürfnisse: **physiologische Grundbedürfnisse** (Hunger, Luft, Trinken, Schlaf, Kleidung, Sexualität),
2) **Sicherheitsbedürfnis** (Ordnung, Gesetz, Schutz, Sicherheit, Stabilität, Gesundheit),
3) **Soziales Bedürfnis** (Zugehörigkeit, Freundschaft, Intimität, Vertrauen),
4) **Individualbedürfnis** (Selbstwertgefühl, Ansehen, Respekt, Status)
5) **Selbstverwirklichung** (Entfaltung der Persönlichkeit)

Zu 4) Die Aufforderung, die Bitte oder der Wunsch sollte ein Ziel umfassen und konkret, umsetzbar, beobachtbar, messbar sein – nicht das Vermeiden von etwas.

AUFGABE im Team

Versuchen Sie nach den **vier Schritten** der gewaltfreien Kommunikation für die folgenden Situationen Äußerungen zu formulieren (siehe auch Kap. 4.2):

- Eine Kollegin flüstert Ihnen zu, eine andere Kollegin habe bei der Kita-Leitung schlecht über Sie gesprochen. Sie gehen zu dieser Kollegin und formulieren eine gewaltfreie Botschaft.
- Ihr Kollege lässt seine schlechte Laune an Ihnen aus.

4.1.4 „Wie …“, „was …“, „welche …“, anstatt „ob …“

Ersetzen Sie Ihre **„ob …“**-Sätze durch **„wie …“**, **„was …“**, **„welche …“**. Diese Wörter öffnen den Raum für neue Themen, während auf ein „ob“ häufig ein kurzes „Ja“ oder „Nein“ geantwortet wird (vgl. Prior 2021, S. 19 ff.).

Beim Elterngespräch geht es nicht um kurze „Ja“- oder „Nein“-Antworten, sondern um eine Erweiterung des Handlungsraums, in dem das Wort „ob“ durch „wie … was … welche“ ersetzt werden kann.

Im Falle aufeinanderfolgender „Nein-Antworten“ wird die Situation immer destruktiver und schwieriger, möglicherweise verliert der Gesprächspartner dadurch sogar sein Selbstvertrauen.

BEISPIEL

Statt „Mich würde interessieren, ob Sie sich bereits Gedanken zu dem Thema gemacht haben“, besser: ***„Mich würde interessieren, …***

- ***welche*** *Gedanken Sie sich bereits zu dem Thema gemacht haben.“*
- ***was*** *Sie darüber denken.“*
- ***wie*** *Sie über das Thema denken.“*

AUFGABE im Team

1. Wählen Sie das Rollenspiel aus der Aufgabe des Problemgesprächs aus.
3. Die Rolle der Fachkraft versucht zu paraphrasieren, aktiv zuzuhören, auf Pauschalisierungen und Du-Botschaften zu reagieren und „wie“, „was“, „welche“ anstatt „ob“ zu nutzen.
4. Die Person in der Elternrolle versucht, hin und wieder zu pauschalisieren und Du-Botschaften zu benutzen.
5. Reflektieren Sie nach dem Gespräch:
   - Wie haben Sie sich während des Gesprächs gefühlt?
   - Wie hat sich wohl Ihr Gesprächspartner gefühlt?
   - Welche Wirkung hatten die Techniken jeweils?
6. Tauschen Sie die Rollen nach einem Durchgang und spielen Sie das Rollenspiel erneut durch.
7. Tauschen Sie sich über Ihre Erfahrungen mit den bisher gelernten Gesprächstechniken aus.

4.1.5 Reaktionen auf Widerstand

Widerstand kann Fachkräfte unsicher machen und auch an ihre Grenzen bringen. Folgende Techniken können dabei unterstützen, kompetent auch mit schwierigen Situationen umzugehen, selbstsicher zu bleiben und das Gespräch wieder in eine neutrale Richtung lenken.

„Sondern ...?“ – „... was noch?“

Das Wort **„sondern ...?“** in ein Gespräch einzubauen, kann dabei helfen, nicht in ein destruktives Gespräch abzurutschen, sondern konstruktiv zu formulieren. Häufig ist den Menschen bewusst, was sie nicht wollen, und nicht, was sie wollen.

Eine negative Aussage kann zusammengefasst werden (Paraphrasieren) und die Frage „Sie wollen also nicht mehr ***..., sondern ...?***“, kombiniert mit einem interessierten Blick, kann den Gesprächspartner aus seinem destruktiven Konzept bringen und dazu einladen, Ziele zu formulieren und lösungsorientiert zu denken.

Zudem kann diese Technik dabei helfen, positive Ausnahmen zu beleuchten (z. B: Elternteil: *„In den letzten Tagen habe ich gar nicht mehr so viel mit den Kindern geschimpft ...“*, Fachkraft: ***„Sondern? Was haben Sie stattdessen gemacht?“***).

BEISPIEL

„Sie wollen also nicht mehr ***..., sondern ...?“***

„Sondern? *Was haben Sie stattdessen gemacht?“ Zeit für die Antwort ... „Was noch?“...*

Als Reaktion auf die folgende Antwort können Sie eine weitere Frage stellen mit ***„Was noch?“***, um weitere Wünsche, Ziele, Handlungsmöglichkeiten hervorzulocken und somit ein breites Spektrum an spontanen, lösungsorientierten Aussagen zu bekommen. Diese Frage können Sie auch wiederholt stellen.

An dieser Stelle kann ein besonderer Wert auf die Pause für die Antwort gelegt werden, denn Ihr Gesprächspartner oder Ihre Gesprächspartnerin benötigt Zeit, um vom destruktiven Denken ins konstruktive Denken zu kommen. Genügend Zeit zum Nachdenken und Antworten sollte immer gewährt werden.

VW-Regel

Die VW-Regel bedeutet: Vorwürfe (V) meiden, Wünsche (W) äußern (vgl. Prior 2021, S. 88 ff.). Vorwürfe können stets in Wünsche umformuliert werden. Wünsche weisen eine zukünftige Perspektive auf, während Vorwürfe eine vergangene Perspektive beleuchten. Es kommt also auf die Perspektive an. Statt *„Bring du doch auch mal den Müll raus!“*, lieber: *„Ich würde mir wünschen, dass du den Müll rausbringst.“* Durch die Formulierung des Wunsches kann die angesprochene Person aktiv werden und dem Wunsch entsprechen. Somit hat sie zukünftig die Möglichkeit, die Wünsche und Erwartungen zu berücksichtigen und fühlt sich keinem Vorwurf ausgesetzt.

SO KANN MAN ES FORMULIEREN

„Ich wünsche mir, ... dass Sie Ihr Kind jeden Tag rechtzeitig abholen oder dass Sie jemanden um Unterstützung bitten.“

„... nicht ... kein ...“

Jenen Menschen, die einen destruktiven Eindruck erwecken und bei denen positive, lösungsorientierte Ansätze scheitern, kann mit verneinenden Aussagen gegenübergetreten werden (vgl. Prior 2021, S. 81 ff.).

BEISPIEL

„Es war bestimmt nicht leicht für Sie, zu diesem Gespräch zu kommen. Wir sind auch ***nicht*** *hier, um über das Wetter zu reden – das wollen Sie ja wahrscheinlich* ***auch nicht****. Sie möchten sicherlich auch* ***keine*** *Zeit verschwenden und* ***keinen*** *Smalltalk führen."*

„Sie haben ***wahrscheinlich nur wenig*** *Zeit, daher möchten wir nicht überziehen, sondern die eine Stunde konstruktiv nutzen. Steigen wir also sofort ins Gespräch ein: Ich möchte Sie zu Beginn fragen, welche Themen wir* ***auf keinen Fall*** *vergessen dürfen?"*

Neutrales Gegenüberstellen von Perspektiven

Das neutrale Gegenüberstellen von Perspektiven ist hilfreich, um zu zeigen, dass die Perspektive des Gesprächspartners verstanden wurde und die eigene Perspektive danebensteht, es also zwei (oder mehr) Seiten gibt und dass beide Berücksichtigung finden sollten.

BEISPIEL

„Zum einen ... und zum anderen ..."

„Es gibt zwei Seiten, die berücksichtigt werden sollten. Auf der einen Seite ... und auf der anderen Seite ..."

4.1.6 Anstatt des „gut gemeinten Ratschlags"

Viele Menschen können Vorschläge nicht annehmen, auch wenn sie noch so gut sind. Eine Lösung oder eine Idee, die aus den eigenen Gedanken entstanden ist, wirkt dagegen wie eine Eingebung.

ACHTSAMKEIT

Haltung: Nach dem Expertenkonzept sollten „gut gemeinte Ratschläge" vermieden werden, da sie häufig nicht zum Kontext passen oder nicht umgesetzt werden. Nur der Experte/die Expertin des Problems ist gleichzeitig der Experte/die Expertin der Lösung; er/sie kann auf dem Weg zum Ziel unterstützt werden, aber das Problem kann und sollte niemandem abgenommen werden.

Um die „gut gemeinten Ratschlage" zu vermeiden, können die folgenden Gesprächstechniken genutzt werden.

„Angenommen, Sie würden ..."

Mit „Angenommen, Sie würden ..."-Fragen können Lösungswege vorgeschlagen werden und der Gesprächsverlauf in eine konstruktive Richtung gelenkt werden. Zudem kann man den Gesprächspartner auf neue Ideen bringen und einen Lösungs-Such-Prozess beginnen (vgl. Prior 2021, S. 62–65). Diese Technik kann dazu genutzt werden, um das Bewusstsein des Spektrums der vielen Lösungsmöglichkeiten zu erweitern.*„Angenommen, Sie würden ..." 1. Möglichkeit „oder" 2. Möglichkeit „oder" 3. offene Möglichkeit.*

BEISPIEL

„Angenommen, Sie würden anfangen, jeden Abend etwas Zeit nur für sich selbst einplanen, damit Sie für den nächsten Tag mehr Kraft und Energie aufbringen können,

***(1. Möglichkeit)** Würden Sie sich dann eher eine ruhige Zeit zum Runterkommen und Reflektieren nehmen?*

***(2. Möglichkeit)** Oder würden Sie Ihre Zeit eher körperlich aktiv bei einem Spaziergang, Gartenarbeit, Yoga oder Joggen verbringen?*

***(3. offene Möglichkeit)** Oder würden Sie Ihre Zeit ganz anders gestalten?*

„Angenommen, Sie würden nach ganz neuen Lösungen für Ihr Problem suchen,

(1. Möglichkeit) *Würden Sie sich dann eher mit anderen Menschen darüber austauschen*

(2. Möglichkeit) *oder würden Sie eher noch mehr in sich gehen und schauen, welche Ideen sich entwickeln?*

(3. offene Möglichkeit) *Oder würden Sie eine ganz andere Möglichkeit in Betracht ziehen?*

Nicht-Vorschläge

Der „Denk-nicht-an-den-rosaroten-Elefanten-Effekt“ nach Prior (2021) kann dabei helfen, dass der Gesprächspartner einen Vorschlag ernsthaft in Betracht zieht und möglicherweise sogar das Gefühl hat, selbst auf diese Idee gekommen zu sein. Nicht-Vorschläge sind sinnvoller als Ratschläge, da sie dem Gesprächspartner die freie Wahl ermöglichen, eine Idee abzulehnen oder anzunehmen (vgl. Prior 2021, S. 71 ff.).

BEISPIEL

*„**Sie denken <u>nicht</u> darüber nach**, früher schlafen zu gehen oder schon am Abend die Dinge für Morgen herauszulegen, damit Sie dann entspannter starten können ...?“*

*„**In der Vergangenheit konnten Sie sich <u>nicht</u>** einfach auf die Emotionen Ihres Kindes einlassen, es wütend sein lassen, die Wut annehmen, akzeptieren und da sein lassen, bis es sich ausgewütet hat und dann wieder einen Neustart machen.*

AUFGABE im Team

Sie können entweder ein Praxisbeispiel aus den Aufgaben der Situationstypen schwer erreichbare oder passive Eltern wählen, oder Sie überlegen sich selbst ein Thema, das Sie beschäftigt oder über das Sie sich zurzeit ärgern.
Diese(r) wiederum paraphrasiert, versucht „*... nicht und kein* ...“ in die Aussagen einzuflechten, nutzt während des Gesprächs die VW-Regel und die „*Sondern?“-Frage*, darauffolgend versucht er so häufig wie möglich die „*Was noch?“-Frage* zu stellen und die Perspektiven neutral gegenüberzustellen. Versuchen Sie auch statt gut gemeinter Ratschläge die Methoden der „Nicht-Vorschläge“ und „Angenommen, Sie würden ...“ auszuprobieren.
Welche Erfahrungen machen Sie mit diesen Techniken?

4.2 Kommunikationswerkzeuge – Fragetechniken

Gut ausgewählte Fragen sind besser als viele aufeinander folgende. Hier gilt das Motto: Qualität statt Quantität. Zu beachten ist, dass jede gestellte Frage eine gewisse Nachdenkzeit (Wirkzeit) benötigt. Daher sind mit Bedacht gestellte Fragen und das sich Zurücklehnen und entspannt auf eine Antwort Warten eine Kunst, die geübt sein möchte.

4.2.1 Erlaubnisfragen

Erlaubnisfragen (vgl. Lindemann et al. 2021, S. 104) legen dem Gespräch einen wertschätzenden Umgang miteinander zugrunde und werden häufig von den Gesprächspartnern übernommen. Sie ermöglichen zum einen Eingriffe in den Gesprächsverlauf, ohne dass diese als übergriffig wahrgenommen werden (z. B. Unterbrechen, Strukturierung). Zum anderen kann man sich rückversichern, ob ein Feedback oder eine Meinungsäußerung erwünscht ist.

BEISPIEL

„Darf ich Sie kurz unterbrechen?"
„Ich würde Ihnen gern dazu eine Rückmeldung geben. Ist das okay für Sie?"
„Gerne würde ich die Ideen noch einmal zusammenfassen, wenn Sie nichts dagegen haben?"
„Ich könnte Ihnen meine Beobachtungen zu ganz ähnlichen Situationen aus dem Kita-Alltag erzählen. Ist das für Sie in Ordnung?"
„Welches Thema möchten Sie als nächstes besprechen?"
„Möchten Sie hören, wie ich die Situation in der Kita wahrnehme?"

BEISPIEL

„Wie möchten Sie das Gespräch denn weiterführen?"
„Möchten Sie mir sagen, warum Sie das Thema nicht besprechen möchten?

Sollte eine Erlaubnisfrage verneint werden, kann Akzeptanz geäußert und nach den Wünschen des Gegenübers gefragt werden.

4.2.2 Verständnisfragen

Konstruktive W-Fragen

Konstruktive W-Fragen können dabei helfen, Intentionen und Ziele zu verstehen und Probleme bzw. herausfordernde Situationen zu erfassen. Bei dieser Fragetechnik fallen die Antworten durch die Fragewörter Wer, Wann, *Wie, Wo, Wem, Was, Wessen, Inwiefern, Welche, Woran, Wodurch* länger und informativer aus als „Ja-Nein"-Antworten.

Positive Gesprächsverläufe können durch kleinschrittige, aufeinanderfolgende W-Fragestellungen gelingen, da sich der Gesprächspartner zunehmend kompetenter fühlen kann (vgl. Prior 2021, S. 49 ff.). Sie erweitern den Gesprächsradius, denn sie laden dazu ein, verschiedene Sichtweisen zu schildern und unterstützen somit die Expertenrolle.

Im **Konjunktiv** zu fragen, erleichtert das Antworten. Der Gesprächspartner läuft nicht Gefahr, etwas Falsches zu sagen, sondern wird eingeladen, aktiv und konstruktiv zu sein. Aussagen im Indikativ können (besonders für zurückhaltende Eltern) überfordernd wirken.

BEISPIEL

Konjunktiv: „Was wäre denn eine mögliche erste Handlungsmöglichkeit?"
Anstatt im Indikativ: „Welche Lösungsmöglichkeiten sehen Sie?"

Warum-Fragen sollten mit Bedacht gewählt werden, da sie eher in eine problem-statt lösungsorientierte Richtung gehen.

Warum-Fragen können sparsam genutzt werden, um Hinweise für Lösungswege zu erhalten. Beispielsweise zu hinterfragen, *warum ein Kind sich wie verhält und welche Bedürfnisse und Gefühle hinter seinem Verhalten stehen könnten,* kann sinnvoll sein, um herauszufinden, was das Kind braucht und wie man ihm helfen kann.

AUFGABE allein

1) **Lesen** Sie die folgenden zwei Praxisbeispiele, 2) **markieren** Sie die Unterschiede und 3) **erstellen Sie** einen eigenen **Spickzettel** mit kleinschrittigen konstruktiven W-Fragen.

Gegenüberstellung eine Gesprächssituation mit zwei unterschiedlichen Strategien (vgl. Prior 2021, S. 56 ff.)

a) Konstruktive W-Fragen **in großen Schritten**
b) Konstruktive W-Fragen **in kleinen Schritten**

Mutter: *„Ich mache mir Sorgen um Lasse, er rastet immer sehr schnell aus, haut und kratzt seinen großen Bruder. Und neulich beim Abholen wurde uns erzählt, dass er auch hier in der Kita immer mal wieder Rangeleien hat."*

a) Konstruktive W-Fragen **in großen Schritten**

Fachkraft: „Ja, wir haben das auch beobachtet. Haben Sie eine Idee, woran das liegen könnte?"

Mutter: *„Das wissen wir selbst nicht so richtig …"*
Fachkraft: „Hat sich bei Ihnen zu Hause etwas geändert?"
Mutter: *„Hm, eigentlich ist es bei uns gerade ziemlich stressig. Aber das ist ja nichts Neues …"*
Fachkraft: „Was könnte Lasse denn helfen?"
Mutter: *„Das fragen mein Mann und ich uns auch und finden einfach keine Antwort …"*

b) **Konstruktive W-Fragen in kleinen Schritten**
Fachkraft: (grenzt Pauschalisierung ein und fragt nach Zusammenhängen): „Sie erleben Lasse in der letzten Zeit als gestresst. Wir in der Kita haben neuerdings auch den Eindruck, dass es manchmal zu Situationen kam, in denen Lasse nicht weiterwusste. **Womit** könnte das zusammenhängen?" („In der letzten Zeit/neuerdings" macht deutlich, dass es nicht IMMER so gewesen ist.)
Mutter: *„Das wissen wir selbst auch nicht so richtig. Es ist gerade bei uns ziemlich stressig. Aber das ist ja nichts Neues …"*
Fachkraft: „Hier hatten wir auch den Eindruck, dass Lasse in schwierigen Situationen Worte fehlen, um seinen Standpunkt zu vertreten." (Durch eine W-Frage wechselt die Fachkraft den Fokus.) „***Wann*** haben Sie in der letzten Zeit Momente erlebt, in denen Sie und Ihr Sohn sich ein bisschen entspannter gefühlt haben?"
Mutter: *„Wenn ich mir wirklich Zeit nur für ihn nehme und wir dann spielen, lesen oder so."*
Fachkraft: „**Wie** hat es sich angefühlt, als Sie diese Momente der Ruhe mit ihm gemeinsam hatten?"
Mutter: *„Richtig toll, ich hatte auch endlich mal Zeit zum Durchatmen und er erzählt dann auch viel."*
Fachkraft: (paraphrasiert, „angenommen, Sie würden …"): „Er unterhält sich mit Ihnen in ruhigen Momenten und Sie haben dann Zeit zum Reden und Zuhören. **Angenommen, Sie würden** Lasse in einer solchen Wohlfühlsituation auf eine schwierige Situation ansprechen und mit ihm gemeinsam überlegen, wie es dazu gekommen ist. Was er da gebraucht hätte und was er das nächste Mal tun kann. **Wie** würde er reagieren? **Was** denken Sie darüber?"
Mutter: *„Manchmal habe ich es schon versucht und ich habe gemerkt, dass es so auf jeden Fall besser ist, als wenn ich unterwegs, also nach der Kita im Auto, nur kurz darüber spreche."*

Fachkraft: „Was genau ist denn dann anders?"

Mutter: *„Wahrscheinlich hat er gemerkt, dass dann meine ganze Aufmerksamkeit bei ihm ist und ich ihn besser verstehe."*

Fachkraft: „Was halten Sie davon, wenn Sie versuchen, in einer entspannten Situation herauszufinden, wie er sich gefühlt hat, was genau ihm geholfen hätte und Sie dann überlegen, wie er beim nächsten Mal handeln kann?"

Mutter: *„Es gibt ja auch nicht nur immer einen, der schuld ist ... das ist ja meist ziemlich schwierig ..."*

Fachkraft: „Ja genau. Hilfreich für solche Gespräche könnten auch Handpuppen oder kleine Figuren sein, mit denen man die Situation nachspielt und am Ende das Kind überlegen lässt, wie die Situation gelöst werden kann und wie noch, und wie auch noch **... Wie könnten** Sie das ausprobieren?"

Mutter: *„Ja, wir haben diese kleinen Spielfiguren, die mag er gerne, damit werde ich es mal versuchen."*

Analyse der Frage-Strategie:

Die Frage-Strategie bestand aus Paraphrasieren und aus einem geschickten Einsatz von kleinschrittigen konstruktiven W-Fragen im Konjunktiv. Die Fragen hatten das Ziel, näher zu beleuchten, wann es entspannte Momente gibt und ob Lasse in diesen mit seiner Mutter über schwierige Situationen sprechen kann und möchte.
Die Pauschalisierung „immer" einzugrenzen mit „in der letzten Zeit/ neuerdings" macht deutlich, dass es nicht IMMER so gewesen ist. Die Frage nach Zusammenhängen macht deutlich, dass es wahrscheinlich Ursachen dafür gibt, die erkannt und gelöst werden können.
„**Wann** haben Sie in der letzten Zeit Momente erlebt, in denen Sie sich und Ihr Sohn ein bisschen entspannter gefühlt haben?"
Die Fachkraft wechselt den Fokus auf die entspannten Momente, um sich im nächsten Schritt schildern zu lassen, wie diese beschrieben werden.
„**Wie** hat es sich angefühlt, als Sie diese Momente der Ruhe mit ihm gemeinsam hatten?"

Nach dieser positiven Schilderung und dem Fokuswechsel vom Problematischen ins Lösungsorientierte ist die Gesprächspartnerin bereit für eine *Angenommen-Sie-würden-Frage*: „**Angenommen, Sie würden** Lasse in einer solchen Wohlfühlstimmung auf eine schwierige Situation ansprechen.
Mit der Frage „**Was genau** ist dann anders?“ kann beleuchtet werden, in welchen Situationen das Kind wohl lieber über schwierige Situationen sprechen und sich öffnen möchte.
Die Fragen ...

„**Was halten Sie davon**, wenn Sie versuchen, dann herauszufinden, wie er sich gefühlt hat, was genau ihm geholfen hätte.“
„**Könnten Sie** sich das vorstellen?“

... wurden an dieser Stelle anstatt eines *gut gemeinten Ratschlags* formuliert und lassen der Mutter den Freiraum, den Vorschlag abzulehnen oder Bedenken zu äußern und die Chance, sich zu überlegen, ob sie es in ihrem Alltag umsetzen kann.

Aufgabe allein: Achten Sie in den Alltagsgesprächen Ihres Umfeldes auf die Gesprächsverläufe und üben Sie selbst, konstruktive W-Fragen zu stellen.

Bedürfnisorientierte Fragen

Der *bedürfnisorientierte Ansatz* stellt die Bedürfnisse aller Beteiligten (Kinder, Eltern *und* Fachkräfte) in den Fokus. Insbesondere in Konfliktsituationen werden die Bedürfnisse der Beteiligten vergegenwärtigt und Handlungen hinterfragt (vgl. Hohmann/Wedewardt 2021, S. 13 ff.).

Auch bei vermeintlich aggressivem Verhalten werden die Gefühle und Bedürfnisse berücksichtigt. Häufig werden Emotionen, wie z. B. Weinen, Schreien oder Wüten, im Alltag als störend empfunden anstatt dass sie liebevoll begleitet und als Lernchance gesehen werden. Solch eine Begleitung bedeutet kein Verwöhnen oder Verziehen, sondern zeigt Verständnis, Mitgefühl und Fürsorge und schenken Orientierung und Resilienz.

Kritische Stimmen sprechen von Kindern als „Tyrannen“ und zeigen auf, dass man ihnen nicht alles durchgehen lassen könne und sie nicht verweichlichen dürften. Es ist anzunehmen, dass solche Meinungen durch eigene Kindheitserfahrungen geprägt wurden. Eine professionelle Therapie kann dabei unterstützen, diese Erfahrungen Stück für Stück zu verarbeiten.

Was sagt die Wissenschaft? Die Entwicklung von selbstregulatorischen Fähigkeiten kann durch ein ermutigendes, unterstützendes, orientierendes und beratendes Erziehungsverhalten gefördert werden (auf Bedürfnisse achten, Anbieten von altersgerechten Lösungsvorschlägen, Sprechen über positive und negative Gefühle (vgl. Harrist/Waugh 2002, S. 555 ff.) und die Regulation von Verhaltensweisen, Gedanken und Emotionen (vgl. z. B. Pauen et al. 2016).

Bedürfnisorientierte Fragen können dabei helfen, Intentionen zu verstehen, Mitgefühl zu entwickeln und sich somit besser in die Lage der betroffenen Person hineinzuversetzen. Sie drehen sich darum, herauszufinden, warum wer wie gehandelt hat.

BEISPIEL

„Versetzen wir uns in die Lage des Kindes ...“
- *„Wie fühlt es sich?“*
- *„In welchen Situationen zeigt es dieses Verhalten?“*
- *„Welche Bedürfnisse stehen hinter seinem Verhalten?“*
- *„Was braucht es, damit es ihm bessergeht und es sich wohlfühlen kann?“*

Fragetechniken der gewaltfreien Kommunikation (GFK)

Die Fragetechniken der gewaltfreien Kommunikation knüpfen an die bedürfnisorientierten Fragen an und ermöglichen nach den vier Schritten des Modells (vgl. Kap. 4.1) ein strukturiertes Erfragen nach der Wahrnehmung, den Gefühlen, Bedürfnissen und den Wünschen oder Anliegen.

BEISPIEL

- *„Wie haben Sie die Situation wahrgenommen?“*
- *„Was haben Sie gesehen oder gehört?“*
- *„Was wurde gesagt?“*

Fragen zu den Gefühlen des Gesprächspartners/der Gesprächspartnerin

- *„Wie haben Sie sich in der Situation gefühlt?“*
- *„Welche Gefühle haben Sie, wenn Sie an die Situation denken?“*

Fragen zu seinen/ihren Bedürfnissen

* *„Welche Bedürfnisse stehen dahinter?"*
* *„Wenn sich der Wunsch erfüllen würde, was wäre dann anders?"*

Fragen zu seinen/ihren Bitten und Wünschen

* *„Wie genau könnten wir Ihnen dabei helfen?"*
* *„Was genau könnte Person XY tun, damit Sie sich besser fühlen können?"*

AUFGABE allein

Erstellen Sie einen Spickzettel mit den Fragetechniken, damit Sie diesen für Ihre nächsten Elterngespräche nutzen können.

AUFGABE im Team

Überlegen Sie sich selbst ein Thema, das Sie zurzeit sehr beschäftigt und erzählen dies dem Gesprächspartner. Der Zuhörende hört mitfühlend zu, fasst zusammen und probiert Erlaubnisfragen, konstruktive (kleinschrittige) W-Fragen und die Fragetechniken der gewaltfreien Kommunikation aus.

- Welche Erfahrungen machen Sie mit diesen Techniken?
- Wann können Sie diese in Ihrem Alltag üben?

4.2.3 Bewältigungsfragen *(Coping-Fragen)*

Bewältigungsfragen zielen darauf ab, bereits vorhandene Strategien/Eigenschaften zu ergründen und diese als Ressourcen zu erkennen, um im nächsten Schritt erfragen zu können, wie diese noch bewusster eingesetzt werden können.

BEISPIEL

* *„Wie haben Sie es geschafft, damit fertig zu werden?"*
* *„Auf welche Strategien und persönliche Eigenschaften greifen Sie zurück?"*
* *„Wer oder was hilft Ihnen dabei, abzuschalten/sich wieder zu regenerieren?"*

* *„Welche Strategien helfen Ihnen sonst in schwierigen Situationen?"*
* *„Kennen Sie eine andere Person, die bereits in einer ähnlichen Lage war? Was hat ihr geholfen, damit zurechtzukommen?"*

Aich und Behr (2015) schreiben, dass für das lösungsorientierte Arbeiten Spannungen im Raum hinderlich sein können. Die Beziehung zueinander sollte sich auf einer vertrauenden und unterstützenden Basis befinden, sonst sind die folgenden Fragetechniken (Fragen nach Ausnahmen, hypothetische Fragen, Skalierungsfragen, Wunderfragen) nicht angemessen.

4.2.4 Fragen nach Ausnahmen

Das Fragen nach Ausnahmen ist eine Strategie, die nach funktionierenden Möglichkeiten hinterfragt. Der Fokus liegt auf den Momenten, in denen das Problem nicht da ist, um zu ergründen, was zu diesen Ausnahmen führt. **Das Ziel ist**, Strategien, die bereits genutzt werden, auszuweiten und bewusst zu machen. Positive Nebeneffekte: Sie wecken indirekt Motivation und stärken das Selbstwertgefühl.

„Problem talking creates Problems.
Solution talking creates solutions."

(de Shazer: Keys to Solutions in Brief Therapy, 1985)

BEISPIEL

* *„Können Sie sich an leichte Situationen erinnern, in denen ausnahmsweise alles geklappt hat? ... PAUSE ... Was war anders?*
* *„Wann hat es denn in letzter Zeit besser funktioniert?"*
* *„In welchen Situationen ist es anders, wann gibt es Ausnahmen?"*
* *„Erinnern Sie sich an schöne oder neutrale Momente?" ... PAUSE ... „Was war dann anders?*
* *„Wie haben Sie sich verhalten?"*
* *„Wie haben sich die anderen verhalten?"*
* *„Angenommen, Sie verhalten sich bewusst genauso ... Inwieweit würde dies die aktuelle Situation beeinflussen?"*

4.2.5 Ressourcenorientierte Fragen

Ressourcenorientierte Fragen unterstützen das lösungsorientierte Denken und ermöglichen das Bewusstmachen von vorhandenen Hilfsmitteln, um mit Herausforderungen besser zurechtzukommen.

BEISPIEL

„Wer oder was könnte Ihren Alltag erleichtern?"
„Stellen Sie sich vor, Sie könnten sich einen Werkzeugkoffer für Ihren Alltag zusammenstellen. Er soll Ihnen dabei helfen, Ihren Alltag leichter zu machen. Was würden Sie hineinpacken?
... Pause ... Und was könnte Ihnen in ganz besonders stressigen Situationen helfen?"
„Welche Routinen könnten Ihren Alltag erleichtern?"

4.2.6 Skalierungsfragen

Skalierungsfragen können dabei helfen, das Ausmaß von schwierigen Situationen, die Häufigkeit von Ausnahmen und auch die Wichtigkeit oder die Motivation eines Ziels auf einer Skala von 0 bis 10 zu präzisieren. Zwischen 0 (nichts) und 10 (alles) kann anhand verschiedener Stufen die aktuelle Situation eingeschätzt und überlegt werden, wie man schrittweise seine Ziele erreichen kann (vgl. Radatz 2011, S. 271 ff.).

BEISPIEL

„Stellen Sie sich eine Skala von null bis zehn vor. Null bedeutet, dass Sie Ihr Kind jeden Tag zu spät abholen und zehn, dass Sie immer pünktlich zur Schließzeit da sind. Wie würden Sie Ihre Situation auf der Skala aktuell einschätzen?"

„Wie könnten Sie es schaffen, die nächsthöhere Zahl zu erreichen?"

„Wie würde dieser Zustand denn konkret aussehen? Wie oft würden Sie dann noch im Monat zu spät kommen?"

„Denken Sie, dass es realistisch ist, dass Sie es bis Ende des Jahres geschafft haben, auf 8 zu kommen?"

4.2.7 Hypothetische Fragen

Hypothetische Fragen laden dazu ein, sich eine Situation vorzustellen und somit in ein konstruktives Denken zu kommen. Diese Fragen zielen darauf ab, verschiedene Möglichkeiten zu beleuchten und Konsequenzen zu berücksichtigen. Man kann folgende drei Fragetypen voneinander unterscheiden: **Best-Case-Fragen**: Das Beste was passieren könnte, **Alternative-Case-Fragen**: Umdenken für eine parallele Welt, **Worst-Case-Fragen**: Das Schlimmste was passieren könnte.

BEISPIELE

Best-Case-Fragen

* *„Wie stellen Sie sich das Happy End für Ihre Situation vor? Was würde sich dadurch für Sie verändern?“*
* *„Angenommen es tritt der bestmögliche Ausgang für Sie ein, was wäre dann anders?“ – „Und woran würden dies die anderen bemerken?“*

Alternative-Case-Fragen

* Ausgangssituation: *Das Kind wurde von anderen Kind gebissen. „Was wäre, wenn Ihr Kind ein anderes gebissen hätte? Wie würden Sie sich den Umgang mit der Situation wünschen?“*
* Ausgangssituation – Verweigerung von etwas: *„Was würde passieren, wenn Sie sagen: ‚Okay, ich mache mit!‘ und dann einfach mitmachen und helfen?“*

Worst-Case-Fragen

* *„Was könnten Sie tun, damit es das schlimmste Elterngespräch aller Zeiten wird?“*
* *„Wie könnten Sie sich zu Hause verhalten, dass die Situation eskaliert, also ganz schwierig wird?“ – „Und wie würden sich dann Ihr Kind und Ihr Partner verhalten?“ Abschließend fragen: „Was könnten Sie denn stattdessen tun?“*

Worst-Case-Fragen können dem Gesprächspartner dabei helfen, zu erkennen, welche Handlungsweisen zu welchen Konsequenzen führen; sie verdeutlichen, dass die aktuelle Situation gar nicht so schlimm ist wie gedacht.

Wenn Sie Best-Case-, Alternative-Case- und Worst-Case-Fragen nacheinander stellen, können Sie verschiedene Szenarien miteinander vergleichen, sodass sich ein Bild unterschiedlicher Lösungswege und möglicher Konsequenzen entwickelt.

Mit den Fragen: *„Welche Wege sehen Sie neben diesen drei Richtungen?“* und *„Und welche noch?“* können weitere Handlungsalternativen erarbeitet werden. Diese könnten in einem abschließenden Schritt nebeneinandergestellt und miteinander verglichen werden.

AUFGABE alleine

Erstellen Sie einen Spickzettel mit den Fragetechniken, damit Sie diesen für Ihre Elterngespräche nutzen können.
Lesen Sie das Praxisbeispiel und machen Sie sich Notizen zu folgenden Themen:

- Wie gehen Sie mit der Kritik der Mutter um?
- Welche Gesprächs- und Fragetechniken scheinen Ihnen sinnvoll?
- Wie könnten Ziele für das Kind aussehen?
- Welche Handlungsweisen könnten zu Hause und in der Kita umgesetzt werden?

Praxisbeispiel:
Rolle der Fachkraft: Sie haben morgen ein Gespräch mit der Mutter von Esmé (4 Jahre; seit fünf Monaten in der Kita). Esmé war zuvor bereits in zwei anderen Einrichtungen. Ihre Mutter hat sich von Esmés Vater getrennt und ist mit ihr in die Nachbarwohnung ihrer Eltern gezogen. Esmé ist ein sehr ruhiges, in sich gekehrtes Kind; sie setzt sich häufig zu einem Erwachsenen. Neuerdings wirkt das Mädchen morgens oft müde und erschöpft. Diese offensichtliche Müdigkeit und Erschöpfung würden Sie gern in einem Elterngespräch ansprechen.

AUFGABE alleine

Schauen Sie in die situationsorientierte Gesprächsvorbereitung (S. 98 ff.) und bereiten Sie das Gespräch vor.

Rolle der Mutter: Esmés Mutter wirkt während des Gesprächs angespannt. Als die beobachtete Zurückgezogenheit und die Müdigkeit des Kindes angesprochen werden, reagiert sie verzweifelt und erzählt, dass sie seit ein paar Wochen abends zusätzlich zu ihrer Arbeit noch putzen geht und das Babyphone dann zu ihren Eltern bringt. Seit dem Umzug hat sie wenig Zeit, um gemeinsam mit dem Kind etwas zu unternehmen oder Kontakte zu knüpfen. Außerdem würde Esmé immer beim An- und Ausziehen ein riesiges Theater machen, sodass sie abends erst spät ins Bett käme. Die Mutter kritisiert, dass in der Kita zu wenig Wert auf das Thema selbstständiges Anziehen gelegt wird.

AUFGABE im Team

Wählen Sie eine Rolle aus: Fachkraft, Eltern, Gesprächsbeobachter. Spielen Sie dieses Elterngespräch in einem Rollenspiel nach, nutzen Sie dazu den Gesprächsleitfaden, Ihre Notizen und geeignete Gesprächs- und Fragetechniken.

Rolle der Beobachterin/des Beobachters: Bitte machen Sie sich Notizen:

1. Gesprächsstruktur
2. Gefühle und Ziele der Beteiligten
3. Gesprächs- und Fragetechniken
4. Welche Techniken wären zusätzlich noch sinnvoll gewesen?

Geben Sie den Beteiligten zum Gesprächsende ein Feedback.

Nach dem Rollenspiel – Reflexionsfragen:
Wer ist der Experte/die Expertin des Problems?
Welche Ziele wurden vereinbart?
Welche Handlungsweisen wurden überlegt?
Ressourcen, Maßnahmen Hilfsmittel?
Wie haben Sie das Gespräch in Ihrer Rolle wahrgenommen?

- Wie war die Grundhaltung der Fachkraft während des Gesprächs? Hat sie sich verändert?
- Wie war die Grundhaltung der Eltern während des Gesprächs? Hat sie sich verändert?
- Konnte eine akzeptierende, optimistische Haltung von beiden Parteien eingenommen werden?
- Welche Gesprächs- und Fragetechniken haben Sie genutzt?
- Welche Auswirkungen hatten diese auf den Gesprächsverlauf?
- Was würden Sie das nächste Mal anders machen?
- Welche Erkenntnisse nehmen Sie mit?

5 Strategischer Einsatz der Kommunikationswerkzeuge

Das folgende Kapitel befasst sich mit der strategischen Anwendung der Kommunikationswerkzeuge während Entwicklungs-, Problem- oder Konfliktgespräche. Berücksichtigt werden dabei auch unterschiedliche Gesprächssituationen mit unsicheren, zurückhaltenden, weinenden oder wütenden Eltern. Eine strategisch gute Vorbereitung hilft dabei, herausfordernde Situationen im Elterngespräch souveräner zu bewältigen.

Ob Sie ein Gespräch als schwierig oder als leicht empfinden, kann viele Auslöser haben:

* Vielleicht fühlen Sie sich beim Thematisieren von Problemen und in Konfliktgesprächen noch nicht kompetent genug,
* vielleicht werden Sie unsicher bei dominanten oder unsicheren Eltern und Ihnen fehlen Strategien im Umgang mit diesen,
* vielleicht fällt es Ihnen schwer, sich situationsorientiert auf ein akutes oder überraschendes Thema einzulassen.

5.1 Gesprächstypen

Man kann zwischen verschiedenen Gesprächstypen bei Elterngesprächen unterscheiden:

* Entwicklungsgespräch (Gesprächsleitfaden s. S. 20)
* Problemgespräch (Gesprächsleitfaden s. S. 100)
* Konfliktgespräch (Gesprächsleitfaden s. S. 116)

Sie unterscheiden sich durch ihren Anlass und ihr Ziel.

5.1.1 Entwicklungsgespräche

Werden regelmäßig geführt, um die kindliche Entwicklung zu thematisieren. **Ziel** ist es, auf gleichberechtigter Ebene Beobachtungen aus dem institutionellen und dem privaten Kontext auszutauschen und zu versuchen, ein aktuelles Bild vom Entwicklungsstand des Kindes zu kreieren. Eine gemeinsame Entwicklung der Ziele und der sich daraus ergebenden Handlungsweisen können für beide Lernumgebungen (Eltern: zu Hause – Fachkräfte: institutionell) angedacht und jeweils im eigenen Kontext ausprobiert und angepasst werden (Gesprächsleitfaden S. 19).

5.1.2 Problemgespräche

Thematisieren Probleme oder Entwicklungsauffälligkeiten des Kindes und haben das **Ziel**, in eine lösungsorientierte Richtung zu gehen bzw. Strategien für den Umgang mit dem Problem zu finden. Es sollte definiert werden, wer der Experte/die Expertin des Problems ***und*** gleichzeitig der Lösung ist (vgl. Kap. 2 Expertenkonzept), um angemessen interagieren zu können. Auf „gut gemeinte" Ratschläge sollte verzichtet werden.

5.1.3 Konfliktgespräche

Unterscheiden sich von den oben genannten Gesprächstypyen erheblich, da sie sich um einen Konflikt zwischen den Gesprächspartnern drehen, es geht nicht um pädagogische oder familiäre Kontexte. **Ziel** ist es, den Konflikt durch mitfühlendes Zuhören zu verstehen, Meinungen gegenüberzustellen und durch eine Justierung der Grundeinstellungen eine offene, wertschätzende und akzeptierende Gesprächsatmosphäre zu erarbeiten (siehe Kap. 5.2).
Jedes Gespräch kann sich bei schwierigem Verlauf zu einem Konfliktgespräch entwickeln. Die Gesprächstypen sind dynamisch und jeweils positiv und negativ beeinflussbar.

Qualitätsentwicklung: Konzeptionell können für all diese Gesprächstypen klare Abläufe überlegt und festgehalten werden, damit diese für alle Mitarbeiterinnen und Mitarbeiter nachvollziehbar und umsetzbar sind.

Ein strukturiertes Vorgehen in Entwicklungs-, Problem- und Konfliktgesprächen kann hilfreich sein, um ...

- die unterschiedlichen Ziele besser voneinander abgrenzen zu können,
- die jeweilige Strategie besser vor Augen zu haben,
- Expertenschaft zu verdeutlichen, um von den „gut gemeinten Ratschlägen" wegzukommen.

In den verschiedenen **Gesprächstypen** (Entwicklungs-, Problem- und Konfliktgesprächen) können unterschiedliche **Gesprächssituationen** entstehen, abhängig von den Grundhaltungen der Beteiligten. Ein Bewusstsein über diese Unterschiede kann zum einen dabei helfen, besser verstehen und reflektieren zu können und zum anderen die Gesprächswerkzeuge strategisch anwenden zu können (Gesprächsleitfaden S. 129).

5.2 Gesprächssituationen (Grundhaltungen)

Entwicklungs-, Problem- und Konfliktgespräche können durch unterschiedliche Gesprächssituationen beeinflusst werden. Gesprächssituationen können von günstigen bzw. ungünstigen Grundhaltungen der Gesprächsteilnehmer beeinflusst werden.

In Kapitel 3 wurden vier verschiedene Grundhaltungen nach der Transaktionsanalyse beschrieben. Die Grundhaltungen 2) bis 4) können die Gesprächssituation negativ beeinflussen, während die 1) eine kompetente anzustrebende Haltung darstellt.

☺/☺ 1. +/+ Ich bin okay/du bist okay

☹/☺ 2. −/+ Ich bin nicht okay/du bist okay (Unsicherheit/Unterwürfigkeit)

☺/☹ 3. +/− Ich bin okay/du bist nicht okay (Dominanz/Übermotivation)

☹/☹ 4.−/− Ich bin nicht okay/du bist nicht okay (Burnout/schwere Erreichbarkeit/Passivität)

Eine Justierung der eigenen Grundhaltung kann durch die reflexive Auseinandersetzung angeregt werden; die Grundhaltung der Eltern kann durch geeignete Gesprächs- und Fragetechniken justiert werden, wenn diese sich darauf einlassen.

Haltung: Die Gesprächsverantwortung liegt nur zu 50 Prozent bei den Fachkräften, zu 50 Prozent liegt sie bei den Eltern.

Wie können die Gesprächswerkzeuge dazu genutzt werden, um die Grundhaltungen (+/−), (−/+) und (−/−) beim Gesprächspartner zu justieren?

Einige Gesprächs- und Fragetechniken sind für die ein oder andere schwierige Gesprächssituation besser oder schlechter geeignet, daher wird im Folgenden genauer darauf eingegangen.

5.2.1 Unsichere Eltern (–/+)

Eltern mit hohen Alltagsbelastungen oder mangelndem Selbstbewusstsein nehmen möglicherweise eine (–/+) Grundhaltung ein. Manche sind bisher mit einer passiven Rolle gut zurechtkommen, möglicherweise nehmen sie sogar eine Opferrolle ein.

Ziele für unsichere, passive Eltern (–/+):
Eltern bei der Justierung ihrer Grundhaltung auf (+/+) unterstützen

* Emphatisches Zuhören, wertschätzende und vertrauensvolle Basis
* Zuhören, Zeit geben, echtes Interesse zeigen ... Sprechpausen aushalten, eigene Gedanken für später aufheben und schauen, was passiert (vgl. Kap. 3.2 und 3.4).
* Selbstbewusstsein stärken durch *gemeinsames Hinschauen, Akzeptieren und Bewusstmachen des elterlichen Expertentums*
* Selbstsicherheit schaffen durch *Orientierung, Ziele und Handlungsmöglichkeiten für kindlichen Umgang*
* Motivation und Neugier für individuelle neue Wege anregen *(Brainstorming, Mindmaps)*

Kritischer Zwischeneinschub
Unsichere, passive Eltern (–/+) und aktive, übermotivierte Fachkräfte (+/–) scheinen auf den ersten Blick gut zusammenzupassen. Die Fachkräfte übernehmen die Gesprächsführung, erzählen vom Kita-Alltag und geben zum Schluss zwei, drei „gut gemeinte Ratschläge". Die Eltern nehmen eine passive Rolle ein, hören zu, scheinen hilflos und belastet. Allerdings werden die „gut gemeinten Ratschläge" nur selten umgesetzt, meist aufgrund der familiären Umstände oder zu hoher Belastungen. Dies kann auf beiden Seiten zu Unzufriedenheit führen (vgl. Kap. 2.2). Kleine, gemeinsam erarbeitete Lösungsschritte werden häufiger umgesetzt als übergestülpte Lösungswege (vgl. Aich/Behr 2015, S. 28 ff.).

Geeignete Gesprächs- und Fragetechniken
Das **mitfühlende Zugehören** steht an erster Stelle. Nur wenn sich der Gesprächspartner verstanden und ernst genommen fühlt, kann er eine positive Grundhaltung (+/+) annehmen.

* **Zuhören und Zusammenfassen** (s. Kap. 4.1)
  - **aktives Zuhören** signalisiert Wertschätzung und Mitgefühl
  - **Reaktionen auf Pauschalisieren** zeigen, dass sich ein Aktivwerden lohnt, um die Entwicklung zu unterstützen.
* **Erlaubnisfragen** vermitteln einen wertschätzenden Umgang und laden zu einer aktiveren Rolle ein (s. S. 69).
* **Fragen zum Verständnis** vermitteln echtes Interesse, können das elterliche Selbstbewusstsein und ihr Expertentum stärken und dabei helfen, die Situation zu verstehen (s. S. 70).
* **Bedürfnisorientierte Fragen** können dabei helfen zu verstehen (s. S. 74).
* **Bewältigungsfragen** vermitteln Achtung und Respekt *„bis hierhin haben Sie es geschafft"* und können indirekt das Selbstbewusstsein stärken (s. S. 76).
* **Fragen nach Ausnahmen** helfen dabei herauszufinden, welche Verhaltensweisen helfen können, Selbstsicherheit zu schaffen. Sie haben den positiven Nebeneffekt, dass sie indirekt Motivation und Neugier für neue Handlungsmöglichkeiten wecken können.
* **Eine Mindmap oder das Brainstorming** können eine Vielzahl an Handlungsmöglichkeiten oder Ressourcen gegenüberstellen und ermöglichen ein Abwägen und eine Orientierung.
* Am Ende des Gesprächs können **Fragen nach dem Befinden, zur Umsetzbarkeit oder zu weiteren Themen** dabei helfen, Unsicherheiten oder Zweifel anzusprechen.

BEISPIEL

„Ich bemerke Ihr Zögern und möchte Sie daher gern fragen, ...

* *wie es Ihnen jetzt nach dem Gespräch geht?"*
* *ob Ihnen noch etwas auf dem Herzen liegt, was Sie gern noch besprechen möchten?"*

Alle anderen Gesprächswerkzeuge können dynamisch situationsorientiert genutzt werden. Ob und wann Sie welches Werkzeug nutzen, entscheiden Sie spontan und in Abhängigkeit von der gegebenen Situation.

AUFGABE im Team

1. Lesen Sie das Praxisbeispiel.
2. Bereiten Sie sich anhand der situationsorientierten Gesprächsvorbereitung (s. S. 98) vor: Wählen Sie geeignete Kommunikationswerkzeuge (s. Seite Kap. 4) aus und erstellen Sie anhand dieser einen Spickzettel.
3. Führen Sie das Elterngespräch als ein Rollenspiel durch.
4. Diskutieren Sie die Reflexionsfragen

Rolle der Fachkraft: Nutzen Sie Ihren Spickzettel. Berücksichtigen Sie, dass sich aus einem Entwicklungsgespräch ein Problemgespräch oder ein Konfliktgespräch entwickeln kann.
Rolle der Eltern: Überlegen Sie sich, welche Bedürfnisse, Wünsche und Ziele die Mutter oder der Vater haben könnte.
Rolle der Beobachterin/des Beobachters: Bitte machen Sie sich Notizen über:
1. Gesprächsstruktur
2. Gefühle, Ziele und Grundhaltungen (+/+), (+/–), (–/+), (–/–)
3. Gesprächs- und Fragetechniken
4. Was war gut und was wäre noch besser gewesen?

Praxisbeispiel: Familie S. ist aus ihrem Heimatland geflohen; die beiden Kinder (Vadim, 6 J.; Aleksandr 4 J.) sind nun seit acht Monaten in der Einrichtung. Der Vater musste im Heimatland bleiben, der Kontakt zu ihm ist nur selten möglich. Die Mutter wirkt zurückgezogen, verunsichert und distanziert; zurzeit besucht sie einen Deutschkurs. Die Eingewöhnung der Kinder war durch die fehlenden Deutschkenntnisse und die traumatischen Erfahrungen der Flucht nicht leicht. Nach der Eingewöhnung ist dieses Gespräch das erste Elterngespräch mit der Mutter. Das Ziel ist, über die Entwicklung zu sprechen und der Mutter eine Möglichkeit zu geben, eventuelle Schwierigkeiten anzusprechen. In kurzen Tür-und-Angel-Gesprächen wirkte die Mutter unsicher und sehr schweigsam.

Nach dem Rollenspiel – Reflexionsfragen:

Welche Themen wurden besprochen?
Wer ist der Experte/die Expertin des Problems?
Welche Grundhaltungen wurden eingenommen (_/_), (_/_)?
Welche Justierungsversuche wurden unternommen?
Welche Wirkung hatten diese?
Welche Ziele wurden vereinbart?
Welche Handlungsweisen können zu Hause und in der Kita ausprobiert werden?
Was haben Sie durch das Rollenspiel gelernt?

(Siehe hierzu auch Kap. 5.3: Was kann ich tun, wenn Eltern erstarren, schweigen oder anfangen zu weinen?)

5.2.2 Dominante/übermotivierte Eltern (+/–)

Übermotivierte oder dominante Eltern können Fachkräfte als unfähig oder hilflos einschätzen. Probleme werden entweder auf der fürsorglichen Ebene („*Ich meine es ja nur gut und möchte helfen …*") oder der kritischen Ebene („*Immer muss ich mich darüber ärgern, ich sage Ihnen, wie es richtig geht!*") angesprochen (vgl. Aich/Behr 2015, S. 62 ff.),

Fachkräfte, die unsicher sind (–/+), nehmen gegenüber diesen Eltern eine entschuldigende Haltung ein oder unterwerfen sich; sie möchten ihnen alles recht machen.

Fachkräfte mit einer (+/–) Einstellung gehen in eine Verteidigungshaltung, so kann im weiteren Verlauf ein Machtkampf entstehen.

Fachkräfte mit einer positiven Haltung (+/+) schaffen es, …

- eine Meta-Ebene einzunehmen und ihr eigenes Verhalten zu planen und zu reflektieren,
- ihre Motive zu hinterfragen „*Welche Bedürfnisse oder Wünsche stehen dahinter?*",
- die Aussagen als Wunsch zur Veränderung zu verstehen und eine (+/+) Haltung aufrechtzuerhalten,

* eigene Überzeugungen sachlich gegenüberzustellen,
* eigene Fehler einzugestehen,
* sich nicht ausschließlich um Probleme zu drehen, sondern zu planen und unterschiedliche Lösungswege auszuprobieren.

Ziele für dominante/übermotivierte Eltern (+/–)

* Eltern bei der Justierung ihrer Grundhaltung auf (+/+) unterstützen
  - emphatisches Zuhören auf wertschätzender und vertrauensvoller Basis (Gefühl vermitteln, dass Anliegen ernst genommen und Not verstanden wird)
  - Eigene Ansichten neutral gegenüberstellen (auf Reaktion warten und zuhören), durch mitfühlendes Zuhören und Paraphrasieren
* eigene Grundhaltung justieren
  - ruhig und professionell bleiben, sich selbst nicht verunsichern lassen (–/+) oder in einen Machtkampf gehen (+/–) *durch Meta-Ebene*
  - gemeinsame Expertenschaft anstreben durch Bewusstmachen des Experten-Konzepts.

Besonders geeignete Gesprächs- und Fragetechniken:

Das mitfühlende Zugehören ist bei dominanten und übermotivierten Eltern wichtig. Nur wenn sich der Gesprächspartner verstanden und ernst genommen fühlt, kann er eine positive Grundhaltung (+/+) annehmen. Es vermittelt Wertschätzung und ein offenes Ohr und schenkt Zeit, die eigene Grundhaltung zu hinterfragen und sich eine Strategie zurechtzulegen.

Zuhören und Zusammenfassen

* **Aktives Zuhören** signalisiert Wertschätzung, Interesse und Mitgefühl.
* **Paraphrasieren** kann besonders bei der Gefahr, in einen Machtkampf zu geraten, hilfreich sein, da es auf der Sachebene verdeutlicht, was die gegenüberliegende Intention ist.
* **Neutrales Gegenüberstellen von Perspektiven** kann dabei helfen, zu zeigen, dass man die gegenüberliegende Perspektive verstanden hat, und die eigene Perspektive ebenso wichtig ist.

BEISPIEL *(vgl. Praxisbeispiel S. 92)*

„Ja, ich kann gut verstehen, dass es Ihnen wichtig ist, dass alle Außenspielgeräte intakt sind und die alten Holzspielgeräte endlich erneuert werden. Auf der anderen Seite liegt der Antrag für die Umgestaltung leider schon seit einiger Zeit beim Bauamt und wir haben trotz wiederholter Anfragen keine Antwort bekommen." (Auf eine Reaktion warten – und dann erst weitersprechen.) „Vielleicht ist es nun sinnvoll, gemeinsam mit dem Elternrat aktiv zu werden und zu überlegen, wie wir vorgehen können. Haben Sie Ideen? Was meinen Sie dazu?"

Reaktionen auf Pauschalisierungen können zeigen, dass die Situation veränderbar ist und sich ein Perspektivwechsel lohnen kann.
Erlaubnisfragen vermitteln einen wertschätzenden Umgang, der häufig übernommen wird.

Reaktionen auf Widerstand

- **„Sondern? ... Was noch?":** Nach einer Anschuldigung lässt sich der Gesprächspartner mit der Frage „Sondern ...?" oft in eine lösungsorientierte Richtung bringen. „Was noch?" bringt weitere Informationen.
- **VW-Regel:** Das Umformulieren von Vorwürfen kann zum einen dabei helfen, Vorwürfe in Wünsche zu paraphrasieren. Die Umformulierung kann in Form einer Frage gestellt werden, sodass die andere Person das berühmte *letzte Wort* hat.
- **„... nicht ... kein":** Mit Verneinungen kann man arbeiten, wenn man das Gefühl hat, dass eine Person Schwierigkeiten hat, sich auf das Gespräch einzulassen. *„Wir werden hier keinen Smalltalk führen und keine Zeit verschwenden, sondern wir versuchen so effektiv und sinnvoll wie möglich die Themen anzugehen. Oder was meinen Sie?"*

Bewältigungsfragen können Achtung und Respekt „bis hierhin haben Sie es geschafft" verdeutlichen und zeigen, dass die elterliche Expertenrolle auch in schwierigen Phasen ernstgenommen wird.
Fragen zum Verständnis zeigen echtes Interesse, Anteilnahme, Wertschätzung und können eine Voraussetzung für ein gemeinsames lösungsorientiertes Denken sein.
Bedürfnisorientierte Fragen können dabei helfen zu verstehen, welche Bedürfnisse und Gefühle hinter dem Verhalten stehen und Interesse und Anteilnahme signalisieren.
Fragen nach Ausnahmen können darauf hinweisen, welche Handlungsweisen lösungsförderlich sein können.
Skalierungsfragen können dabei helfen, die Intensität eines Problems besser zu erfassen; verbunden mit hypothetischen Fragen unterstützen sie dabei, in ein lösungsorientiertes Denken zu kommen.

Zum Abschluss des Gesprächs können Fragen nach dem Befinden oder zur Umsetzbarkeit dem Gesprächspartner eine Möglichkeit geben, Unsicherheiten oder Verunsicherungen anzusprechen. Falls eine Klärung an dieser Stelle den zeitlichen Rahmen überschreiten sollte, signalisiert dies, dass ein zeitnaher Austausch erforderlich ist.

AUFGABE im Team (allein bis 2)

Rollenspiel:

1. Lesen Sie das Praxisbeispiel und wählen Sie eine Rolle aus: Fachkraft, Eltern (und Beobachterin/Beobachter).
2. Bereiten Sie sich auf das Gespräch vor: Wählen Sie geeignet erscheinende Kommunikationswerkzeuge aus und erstellen Sie anhand dieser einen Spickzettel.
3. Führen Sie das Elterngespräch als ein Rollenspiel durch.
4. Diskutieren Sie die Reflexionsfragen.

Rolle der Fachkraft: Nutzen Sie Ihre Notizen. Berücksichtigen Sie, dass sich aus einem Entwicklungsgespräch ein Problemgespräch oder ein Konfliktgespräch entwickeln kann.

Rolle der Eltern: Überlegen Sie sich, welche Perspektive der Vater einnimmt, was seine Bedürfnisse, Wünsche und Ziele sind, und berücksichtigen Sie, dass sein Ärger und seine Wut über die Situation bereits über längere Zeit in ihm stecken.

Rolle der Beobachterin/des Beobachters: Machen Sie sich Notizen über:

1. Gesprächsstruktur
2. Gefühle, Ziele und Grundhaltungen (+/+), (+/–), (–/+), (–/–)
3. Gesprächs- und Fragetechniken
4. Was war gut und was wäre noch besser gewesen?

Praxisbeispiel:

Die Tochter von Herrn S. wird nun ein Vorschulkind; es steht ein Entwicklungsgespräch an. Der Kontakt der Kita zum Vater ist durch einen langjährigen Konflikt geprägt, der mit der Planung zum Umbau des Freigeländes begann. Herr S. ärgert sich über die Spielgeräte, die nicht in den Umbau miteingeschlossen wurden, obwohl sie seiner Meinung nach baufällig sind und eine Gefährdung für die Kinder darstellen. Nach der Einschätzung einer Sicherheitsbeauftragten und mehrmaligem Kontakt mit der Fachbereichsleitung wurden Reparaturmaßnahmen beantragt. Dennoch ist der Kontakt weiter schwierig: Herr S. äußert unterschwellig immer wieder Unzufriedenheit mit der pädagogischen Arbeit und dem Konzept der Einrichtung. Die Fachkräfte haben Hemmungen, mit ihm Elterngespräche zu führen: einige nehmen eher eine unterwürfige Haltung, andere eher eine dominante Haltung ein, sodass es auch schon zu Streitgesprächen gekommen ist.

(Siehe hierzu auch Kap. 5.3: Was kann ich bei verbalen Angriffen tun?)

Reflexionsfragen nach dem Gespräch:

Welche Themen wurden besprochen?
Wer ist der Experte/die Expertin des Problems?
Welche Grundhaltungen wurden eingenommen (_/_), (_/_)?
Welche Justierungsversuche wurden unternommen?
Welche Wirkung hatten diese?
Welche Ziele wurden vereinbart?
Welche Handlungsweisen können zu Hause und in der Kita ausprobiert werden?
Was haben Sie durch das Rollenspiel gelernt?

5.2.3 Schwer erreichbare, passive, Burn-out Eltern (–/–)

Eltern mit einer Haltung (–/–) nehmen eine passive, ausharrende und distanzierte Rolle ein. Häufig möchten Fachkräfte solche „hilfebedürftigen" Mütter oder Väter besonders aktiv und tatkräftig unterstützen und nehmen eine (+/–) Rolle ein.

Mögliche **Ziele** für eine solche Gesprächssituation wären, dass 1) der Vater (oder die Mutter) sich **öffnet, Vertrauen gewinnt** und **2) sich wertgeschätzt fühlt** und 3) das **Selbstbewusstsein der Eltern gestärkt wird.** Wenn Sie es **4)** zudem schaffen, ihr Gegenüber in ein *lösungsorientiertes Denken zu bringen*, können Sie sich zu den Elterngesprächsexperten zählen!

Ein realistisches Vorhaben wäre, die Ziele 1 bis 3 für ein erstes Gespräch und das 4. Ziel für ein weiteres zeitnahes Gespräch anzuvisieren. Im ersten Gespräch kann einfühlsam zugehört werden und mitfühlend auf das Aushalten der schwierigen Situation und die bisherigen Lösungsversuche reagiert werden, um eine wertschät-

zende Atmosphäre entstehen zu lassen und Vertrauen aufzubauen. Im zweiten Gespräch kann – darauf aufbauend – lösungsorientiertes Denken angestoßen werden, um gemeinsame Strategien für den Kita- und den privaten Alltag zu sammeln.
Konfrontiert mit einer (–/–) Haltung, kann man an die Grenzen der eigenen Gesprächskompetenzen stoßen. In einer Erziehungsberatungsstelle können diese Eltern professionelle Beratung erhalten, dennoch ist es sinnvoll, im Austausch zu bleiben (vgl. Aich/Behr 2015, S. 78 ff.).

Eltern mit einer (–/–) Grundeinstellung können zu Beginn des Gesprächs gewürdigt werden: *„Für Sie war es bestimmt nicht leicht herzukommen. Daher freue ich mich nun umso mehr, dass Sie trotz allem hier sind und sich die Zeit für das Gespräch nehmen."*

Das Vertrauen dieser Eltern zu gewinnen, ist der erste Schritt und öffnet die Türen für eine gemeinsame Expertenschaft und ein lösungsorientiertes Arbeiten.
Im zweiten Gespräch kann auf das Vertrauen aufgebaut werden und es kann sich Stück für Stück eine gemeinsame Basis entwickeln. In der Zwischenzeit können beide Parteien über Lösungsmöglichkeiten und Strategien nachdenken (vgl. Aich/Behr 2015, S. 62 ff.).

Qualitätsentwicklung: Rollenspiele im Team und gemeinsame strategische Überlegungen für den Gesprächsverlauf können bei der Vorbereitung helfen.

Besonders geeignete Gesprächs- und Fragetechniken

Zuhören, Zeit und Raum geben, echtes Interesse zeigen, Sprechpausen aushalten und beobachten, so können Sie ein Gespräch mit (–/–) Eltern beginnen. Nur wenn Eltern sich in diesen Pausen sichtlich unwohl fühlen, selbst wieder aktiv werden – nicht unterbrechen. Wenn Ihnen ein Ratschlag auf der Zunge liegt, den Gedanken für später aufheben, lieber zunächst zuhören und abwarten.

- **Zuhören und Zusammenfassen**
  - **aktives Zuhören** signalisiert Wertschätzung und Mitgefühl
  - **Reaktionen auf Pauschalisierungen** verdeutlichen, dass Hoffnung besteht und sich ein Aktivwerden lohnt.
- **Erlaubnisfragen** vermitteln einen wertschätzenden Umgang und laden zu einer aktiveren Rolle ein.

- **Bewältigungsfragen** vermitteln Achtung und Respekt *„... bis hierhin haben Sie es geschafft“* und können somit indirekt das Selbstbewusstsein und die elterliche Expertenrolle stärken.
- **Konstruktive W-Fragen zum Verständnis** vermitteln echtes Interesse, können das elterliche Selbstbewusstsein und ihr Expertentum stärken und dabei helfen, die Situation zu verstehen.
- **Bedürfnisorientierte Fragen** können dabei helfen zu verstehen, welche Bedürfnisse und Gefühle welches Verhalten bestimmen.
- **Fragen nach Ausnahmen** zeigen, dass es immer auch positive Ausnahmen vom Problem gibt; sie helfen dabei herauszufinden, welche Verhaltensweisen zu einer Lösung beitragen können.

Eine offene, wertschätzende und ermutigende Haltung kann bei **passiven Eltern** hilfreich sein. Sie können daran erinnert werden, dass sie das Wichtigste in ihrem Leben, ihr Kind, zu Ihnen in die Kita bringen und Ihnen anvertrauen.

BEISPIEL

Elterliche Experten-Rolle:
„Sie sind als Eltern die Experten für Ihr Kind. Sie wissen alles über sein bisheriges Leben und seine Erfahrungen, über sein Temperament, seine Vorlieben und Abneigungen.

Überleitung zur Kita-Experten-Rolle:
„Ich nehme an, dass Ihr Kind für Sie das Wichtigste in Ihrem Leben ist, und freue mich, dass Sie uns Ihr Kind täglich anvertrauen (möchten).“

Kita-Experten-Rolle:
Wir hier in der Kita möchten gern die Experten für Ihr Kind sein. Wir erleben es im Gruppengeschehen und im Kontakt mit anderen Kindern, wir beobachten und unterstützen es bei seiner Entwicklung.“

Experten-Austausch im Elterngespräch:
„In Elterngesprächen möchten wir gerne mit Ihnen in den Austausch kommen – als Experten. Sie für das Kind zu Hause und wir für Ihr Kind in der Kita. Wir möchten Ihnen erzählen, wie es dem Kind hier geht und was es gerne macht.
Wir würden uns freuen, von Ihnen mehr über Ihr Kind zu erfahren, z. B. wie es sich zu Hause verhält, seine Vorlieben und Abneigungen und wie es Ihnen als Familie geht.“

Wenn passive Eltern sich skeptisch äußern oder den Sinn des Gespräches infrage stellen, können folgende Frage-Typen helfen (vgl. Lindemann et al. 2021, S. 104 ff.):

BEISPIEL

Erlaubnisfragen:
„Ich würde gerne mit Ihnen über XY sprechen, ist das okay für Sie?“
„Welche Themen sollten wir besprechen, damit das Gespräch für Sie sinnvoll ist?“

Hypothetische Fragen:
„Was würde denn passieren, wenn Sie wieder nach Hause gehen und wir uns nicht austauschen?“
„Was brauchen Sie, um an dem Gespräch teilnehmen zu können?“
„Welches Gesprächsthema würde sich Ihr Mann/Ihre Frau wünschen?“

Skalierungsfragen:
„Wie würden Sie auf einer Skala von eins bis zehn die Sinnhaftigkeit dieses Gesprächs bewerten? Eins wäre dabei ‚völlig sinnlos‘ und zehn wäre ‚sehr sinnvoll‘?“ – „Und was könnte das Gespräch für Sie sinnvoll werden lassen, damit Ihre Einschätzung eine Stufe höher steigt?“

Ein ehrliches Interesse und eine klare, aktive Einbeziehung in den Beobachtungsaustausch, in die Zielformulierungen und eine deutliche Herausstellung der Zusammenarbeit von förderlichem Erziehungsverhalten für die Kita und die häusliche Umgebung kann beim Tausch einer passiven in eine aktive Rolle hilfreich sein.

AUFGABE im Team

Rollenspiel:

1. Lesen Sie das Praxisbeispiel und wählen Sie eine Rolle aus.
2. Bereiten Sie sich anhand der situationsorientierten Gesprächsvorbereitung (S. 98) auf das Gespräch vor.
2. Wählen Sie geeignet erscheinende Kommunikationswerkzeuge aus und erstellen Sie anhand dieser einen Spickzettel.
3. Führen Sie das Elterngespräch als ein Rollenspiel durch.
4. Diskutieren Sie die Reflexionsfragen.

Rolle der Fachkraft: Nutzen Sie Ihre Vorbereitungen und Notizen.
Rolle der Eltern: Überlegen Sie sich, welche Perspektive die Mutter einnimmt, was ihre Bedürfnisse, Ängste, Wünsche und Ziele sind.
Rolle der Beobachterin/des Beobachters: Bitte machen Sie sich Notizen über:

1. die Gesprächsstruktur
2. Gefühle, Ziele und Grundhaltungen (+/+), (+/–), (–/+), (–/–)
3. Gesprächs- und Fragetechniken
4. Was war gut und wäre noch besser gewesen? Geben Sie den Beteiligten zum Gesprächsende ein Feedback.

Praxisbeispiel

Rolle der Fachkraft: Der Kontakt zu Frau M. ist nicht einfach, weil sie immer sehr kurz angebunden ist. Sie ist häufig in Eile und schwer erreichbar für Tür-und-Angel-Gespräche. Ihre Tochter Jessica (4,7 Jahre) scheint sich im Kita-Alltag gut zurechtzufinden und entwickelt sich altersgerecht. Sie haben das Gefühl, dass die Mutter sich immer mehr zurückzieht und der Austausch nur noch aus Kita-Richtung kommt. Sie überlegen, dass möglicherweise ein Konflikt im Raum stehen könnte, und würden gerne mit Frau M. darüber sprechen, wie es ihr geht und dass es wichtig ist, miteinander im Austausch zu bleiben.

Rolle von Frau M.: Sie fühlen sich gestresst und belastet, denn Sie haben gerade ihre Arbeitsstelle gewechselt und hoffen, vorerst einen zuverlässigen Eindruck zu machen. Der Arbeitgeber Ihres Partners beschäftigt ihn über Zeitarbeit und es würde schwierig werden, wenn er die Stelle verlieren würde. Auch finanziell sind Sie stark belastet. Abends reden Sie häufig darüber, dass es so nicht weitergehen kann. Sie müssten sich wieder mehr Zeit für Jessica nehmen, aber an Freizeit oder Urlaub ist gerade nicht zu denken. In der Kita möchten Sie nicht auffallen. Niemand soll merken, wie kritisch Ihre Situation ist und dass Jessica zu Hause auch oft sich selbst überlassen wird. Sie denken, deswegen sei es auch gut, dass Jessica viel Zeit in der Kita verbringt.

Nach dem Rollenspiel – Reflexionsfragen

Welche Themen wurden besprochen?
Wer ist der Experte/die Expertin des Problems?
Welche Grundhaltungen wurden eingenommen (_/_), (_/_)?
Welche Justierungsversuche wurden unternommen?
Welche Wirkung hatten diese?
Welche Ziele wurden vereinbart?
Welche Handlungsweisen können zu Hause und in der Kita ausprobiert werden?
Was haben Sie durch das Rollenspiel gelernt?

5.3 Situationsorientierte Vorbereitung

Eine gute Vorbereitung kann dabei helfen, selbstsicherer in das Gespräch zu gehen. Geeignete Kommunikationswerkzeuge können dabei helfen, eine Gesprächsstrategie (Wie reagiere ich, wenn ...?) zu entwickeln.

Reflexion vor dem Gespräch

* **Welcher Gesprächstyp liegt vor? Verändert er sich möglicherweise im Laufe des Gesprächs?**
  Entwicklungs-, Problem- oder Konfliktgespräch
* **Welche Gesprächssituation ist aufgrund der Vorerfahrungen zu vermuten?**
  ***Fachkraft** (+/+) (+/–) (–/+) versus Eltern (+/+) (+/–) (–/+)*
  - Welche Grundhaltung habe ich den Eltern gegenüber?
    ***Fachkraft** (+/+) (+/–) (–/+)*
  - Wie kann ich meine eigene Grundhaltung in eine professionelle Richtung justieren (+/+)? *Selbstreflexion, Strategien der Resilienz*
  - Welche Grundhaltung nehme ich bei meinem Gegenüber wahr?
    ***Eltern** (+/+) (+/–) (–/+)*
* **Was sind die Gesprächsziele ...**
  - Entwicklungsgespräch: Expertenaustausch kindliche Entwicklung, Ziele, Handlungsweisen
  - Problemgespräch: Expertenschaft bewusst machen, resiliente Problemlösung
  - Konfliktgespräch: ZUHÖREN, wertschätzende Basis, Justierung der Grundhaltungen, lösungsorientiertes Vorgehen

Gespräche können sich während des Verlaufs in eine unvorhergesehene Richtung entwickeln, daher ist es sinnvoll, sich vorher bereits mit den anderen Gesprächstypen vertraut zu machen, um während des Gesprächs flexibel wechseln zu können. Wiederholte **Check-ups** während des Gesprächs helfen dabei wahrzunehmen, ob sich der Gesprächstyp oder die Gesprächssituation verändert haben.

Überlegungen während des Gesprächs-Check-ups: Ist eine situationsorientierte Anpassung der Gesprächsziele erforderlich?

* **In Bezug auf inhaltliche/langfristige Themen** (Welche Themen haben sich im Gesprächsverlauf ergeben?)
* **In Bezug auf die Grundhaltungen** (Ist eine Justierung erforderlich?)
* **In Bezug auf den Gesprächstyp** (Welche Ziele stehen im Fokus?)

Generell gilt für alle Gesprächstypen und -situationen, dass das empathische Zuhören und das gleichzeitige Reflektieren der eigenen und der Haltung des Gesprächspartners als der wichtigste Grundbaustein gesehen werden.

Beispiel für eine unvorhergesehene Gesprächsentwicklung:
In der Gesprächsvorbereitung ist man von einem Entwicklungsgespräch für ein Vorschulkind ausgegangen und hat dafür Vorbereitungen getroffen. Nun entsteht jedoch durch ein mitgebrachtes Problem (z.B. Trennung der Eltern) ein Problemgespräch. Vorrangig wird das Problem besprochen und lösungsorientierte Handlungsmöglichkeiten angedacht. Somit ändern sich die vorbereiteten Themen, die nun situationsorientiert zurückgestellt werden.

Möglich wäre auch, dass durch die Grundhaltungen der Gesprächsbeteiligten ein unvorhergesehenes Konfliktgespräch entsteht (die Eltern beschuldigen oder beschimpfen die Fachkräfte). Dieses stellt ein zwischenmenschliches

Problem miteinander dar. In diesem Fall ändern sich die Gesprächsziele: Die Themen der kindlichen Entwicklung werden zurückgestellt und das Gespräch dreht sich vorrangig um die Klärung des Konflikts und den Wiederaufbau einer vertrauensvollen Gesprächsbasis auf Augenhöhe. Erst wenn diese wiederhergestellt ist, kann bei einem neuen Termin ein offenes und wertschätzendes Entwicklungsgespräch stattfinden.

Vor dem Gespräch überlegen (und während des Gesprächs immer wieder reflektieren), welche Gesprächs- und Fragetechniken können situationsorientiert ...

* für welchen Gesprächstyp (Entwicklungs-, Problem-, Konfliktgespräch)
* für welche Gesprächssituation (Grundhaltungen (_/_) versus (_/_)) ... geeignet sein?

Qualitätsentwicklung: Ein Elterngespräch im Team, also mit zwei Fachkräften durchführen zu können, kann viele Vorteile mit sich bringen, wie beispielsweise eine Rollenaufteilung (Protokollant und Gesprächsleitung). Allerdings wird die Möglichkeit, ein Gespräch zu zweit durchzuführen, durch schlechte Rahmenbedingungen (z. B. Personalmangel) erschwert.

5.3.1 Entwicklungsgespräch

Das Entwicklungsgespräch wurde unter Berücksichtigung des Expertenkonzepts bereits ausführlich in Kap. 2.2 und S. 83 beschrieben. Dort finden Sie einen Gesprächsleitfaden und das Gesprächsprotokoll.

5.3.2 Problemgespräch

Problemgespräche können durch Auffälligkeiten in der Entwicklung oder dem Verhalten des Kindes, durch veränderte Lebenslagen der Familie oder plötzlich beobachtete Veränderungen des kindlichen Verhaltens entstehen. (Sie sind zu unterscheiden vom Konfliktgespräch, dessen Thema ein Konflikt zwischen Eltern und Fachkräften ist.)

Intuitiv führen Fachkräfte Gespräche, in denen ein Problem im Vordergrund, vermutlich folgendermaßen: Sie begrüßen die Eltern und fragen sie nach ihrem Befinden. Sie erklären ihnen den Gesprächsanlass und beginnen zu erzählen, wie sie das Kind in der Einrichtung wahrnehmen und welche Beobachtungen sie gemacht haben. Zudem sprechen sie Situationen an, in denen das Problem auftritt, und achten darauf, auch positive Verhaltensweisen oder Entwicklungsschritte zu benennen. Die Eltern werden im Gesprächsverlauf vermutlich gefragt, wie die Situation zu Hause ist und wie sie das Problem wahrnehmen. Möglicherweise werden Ratschläge gegeben oder auch gemeinsam überlegt, wie das Problem gelöst werden könnte bzw. welche Ressourcen zur Verfügung stehen.

Reflexionsfragen (selbst gestellt oder sich gegenseitig gefragt):

* *Wie geht es Ihnen, wenn Sie ein Problemgespräch vorbereiten?*
* *Was wäre anders, wenn Sie mehr Struktur oder Unterstützung hätten?*
* *Welche Gesprächs- und Fragetechniken nutzen Sie bereits in Problemgesprächen?*

Ein intuitives Vorgehen ist nicht „richtig" oder „falsch", birgt jedoch Gefahren für ...

* **den Gesprächsausgang**, der möglicherweise unbefriedigend ist,
  - durch *gut gemeinte Ratschläge*, die jedoch nicht zur Familie oder Situation passen und somit nicht lösungsorientiert umgesetzt werden können.

Zur Erinnerung: „Gut gemeinte Ratschläge" können zugunsten einer fragenden und für die Ideen des Gesprächspartners offenen Gesprächshaltung zurückgestellt werden. „Sparsam" können Ideen als Nicht-Vorschläge oder als „angenommen, Sie würden ..." ins Gespräch mit einfließen.

  - durch entstehende Konflikte, die anhand von geeigneten Kommunikationswerkzeugen hätten verhindert werden können.

* **die Expertenschaft der Eltern.** Bei einer zu dominanten oder auch übermotivierten Gesprächshaltung der Fachkraft können Eltern in eine passive Rolle kommen oder die Problem-Expertenschaft könnte in den falschen Händen liegen (s. S. 15 ff.)
* **die Selbstsicherheit und Selbstwirksamkeit** der Fachkräfte. Bei einem Gesprächsende mit einem „schlechtem Bauchgefühl" und fehlenden Reflexionsmöglichkeiten können Ängste vor Elterngesprächen entstehen.

Diese Gefahren können zu einer Problemverschlimmerung führen und hätten durch Strategien und Hilfsmittel vermieden werden können.

Insbesondere für die Vorbereitung und Umsetzung von Problem- und Konfliktgesprächen sind 1) eine Reflexion der eigenen Expertenrolle (s. S. 30), 2) ein gewisses Selbstbewusstsein (s. S.34), das Wissen über und die Umsetzung einer Meta-Ebene im Elterngespräch und 3) Hintergrundwissen zur Entwicklung einer kompetenten Haltung (s. S. 41 ff.) als voraussetzende Basis für einen sinnvollen Einsatz der Kommunikationswerkzeuge (Gesprächs- und Fragetechniken) zu betrachten.

Gesprächsvorbereitung – Problemgespräch

Gesprächstyp: Problemgespräch – Ziele:

* Problemexpertenschaft bewusst machen
* Resiliente Problemlösung: Problem akzeptieren, optimistisch denken, Selbstwirksamkeit, Verantwortung übernehmen, Beziehungen und Ressourcen einbeziehen, lösungsorientiert denken, Einkalkulieren von Misserfolgen

Gesprächssituation:

* Eigene Grundhaltung gegenüber den Eltern feststellen (+/+) (+/–) (–/+)
  Welche Möglichkeiten für die eigene Justierung gibt es?
* Grundhaltung der Eltern reflektieren (+/+) (+/–) (–/+)
  Welche Kommunikationswerkzeuge könnten helfen (Kapitel 4)?

Gesprächsvorbereitung für die Eltern

Wann sollte man den Eltern von dem Problem erzählen, erst im Gespräch oder bereits davor, damit sie sich darauf einstellen können?
Es sollte vermieden werden, dass Eltern mit einem für sie unbekannten Problem überrascht werden, denn überrumpelte Eltern hatten vorher keine Zeit, darüber nachzudenken, und nehmen wahrscheinlich eine passive oder eine abwehrende Rolle ein. Kündigen Sie bereits in einem Tür-und-Angel-Gespräch oder bei der Terminvereinbarung an, worüber Sie sich austauschen möchten und dass der Gedanke über mögliche Handlungsoptionen im Mittelpunkt steht.

WERKZEUGKISTE

Strategien, die eine offene, akzeptierende und wertschätzende Basis begünstigen:

- Erlaubnisfragen
- Werkzeuge des Zuhörens und Zusammenfassens
- Verständnisfragen
- Ich-Botschaften
- „... wie/was/welche ..." anstatt „ob"

Qualitätsentwicklung: Reflexionsfragen können Eltern dabei helfen, vorbereitet ins Gespräch zu kommen und eine aktive Rolle (Expertenrolle) einzunehmen. Ein Einladungsbrief mit Reflexionsfragen kann beinhalten:

- *Wie ist die Situation zu Hause? (Wie geht es dem Kind? Wie geht es seinen Geschwistern? Wie geht es den Erwachsenen? Welche Bedürfnisse stehen im Vordergrund?)*
- *Wie geht die Familie mit (XY/dem Problem) um?*
- *Was wurde bereits versucht? Welche weiteren Möglichkeiten sehen Sie?*

Gesprächsleitfaden Problemgespräch

1. Phase: Gesprächseinstieg und Erwartungsaustausch

Der Gesprächseinstieg sollte nicht mit Smalltalk verwechselt werden, da er eine voraussetzende Basis für das Gespräch legen kann. Er kann dazu genutzt werden, um sich aufeinander einzustellen und eine offene, akzeptierende und wertschätzende Basis auf Augenhöhe entstehen zu lassen. Solch eine Basis kann Konflikte verhindern oder mildern und einen Expertenaustausch begünstigen.

Die Ziele sind, eine freundliche und angenehme Atmosphäre zu schaffen, eine wertschätzende, akzeptierende und offene Haltung einzunehmen (+/+) sowie auch Ängste und Aufgeregtheit zu reduzieren.

BEISPIEL

Erlaubnisfrage, eingeflochten in die Informationen des Gesprächsverlaufs und die Gesprächsziele

„Wenn Sie damit einverstanden sind, würde ich mich gerne mit Ihnen in der nächsten Stunde über das ***Thema*** *(~~Problem~~) austauschen und mit Ihnen zusammen ...*

– genau hinschauen, was die (schwierige) Situation ausmacht,
– überlegen, welche Möglichkeiten für eine Lösung hilfreich sein können.

Wir versuchen, das Gespräch Schritt für Schritt anzugehen und wichtige Dinge zu notieren, damit Sie alle wichtigen Erkenntnisse auch mit nach Hause nehmen können. Wäre dies auch in Ihrem Sinne?"

Wenn verneint wird, kann man fragen, wie der Gesprächspartner es sich vorstellt, oder einfach mit „... sondern ...?" antworten.

Im nächsten Schritt kann eine konkrete Frage zu den elterlichen Gesprächserwartungen gestellt werden.

„Welche Erwartungen haben Sie an das Gespräch? Welche Themen oder Fragen sind Ihnen wichtig?"

Falls die Antwort nicht konkret ist, kann man Folgendes versuchen:

„Sie sind der Experte für Ihr Kind, Sie kennen es weitaus länger als ich und erleben es täglich zu Hause. ***Sie als der Experte für Ihren Familien-Alltag und ich für den Kita-Alltag.*** *Wir können uns zum Wohle des Kindes austauschen und gemeinsam an einem Strang ziehen. Mich würde unter diesem Aspekt sehr interessieren, ...*

– was Sie sich von unserem Gespräch erhoffen?" – „Lassen Sie sich ruhig Zeit mit Ihrer Antwort."
– welche Themen wir auf keinen Fall vergessen sollten?"

Falls die Antworten bereits in ein lösungsorientiertes Denken gehen oder sogar Ziele formuliert werden (wie beispielsweise „Ich erhoffe mir, dass wir nach dem Gespräch besser wissen, wie wir damit umgehen können und dass unser Alltag leichter wird."), dann können Sie sich diese Antworten merken/notieren und später wieder einbringen.

2. Phase: Beobachtungsaustausch zur Analyse des Problems – Das genaue Hinschauen, Akzeptanz und Optimismus

Das Ziel ist, einen Austausch über die Beobachtungen und Wahrnehmungen im privaten und im institutionellen Kontext zu initiieren.

* Wie wird das Problem im privaten und im institutionellen Kontext beschrieben?
* Wie verhält und entwickelt sich das Kind im privaten Kontext und wie in der Kita?

Meta-Ebene: Wer ist der Experte/die Expertin des Problems und gleichzeitig der Lösung?

* nur Eltern – Problem tritt im familiären, privaten Kontext auf
* nur Fachkräfte – Problem tritt im institutionellen Kontext auf
* beide, Fachkräfte und Eltern – Problem tritt in beiden Kontexten auf

Nur der Experte/die Expertin des Problems ist für die Umsetzung der Lösung verantwortlich. Die andere Partei kann unterstützen, genau hinschauen und eine akzeptierende Haltung einnehmen. Berücksichtigen Sie dies in Ihrer Gesprächshaltung während des gesamten Gesprächs. Zuhören und strategisch sparsam ausgewählte Kommunikationswerkzeuge eignen sich besser als zu viele *„gut gemeinte“* Fragen oder Ratschläge.

BEISPIEL

Die Gesprächstechniken (S. 57) zum Zuhören und Zusammenfassen, wie mitfühlendes und aktives Zuhören, Paraphrasieren und geeignete Reaktionen auf Pauschalisierungen sowie verständnis- und bedürfnisorientierte Fragen, eignen sich, um die (schwierige) Situation konkret erfassen zu können.

Ihr Ziel ist es herauszufinden, was das Problem aus Sicht der Eltern definiert.

So lange wie nötig und so kurz wie möglich über die Problemsituation sprechen und immer wieder während des Zuhörens auf die Meta-Ebene zurückgreifen und einen Check-up machen:

* Wie ist meine Grundhaltung?
* Wie ist die Grundhaltung der Eltern?
* Welche Kommunikationswerkzeuge können jetzt hilfreich sein?

Falls die Eltern von sich aus offen über das Problem sprechen möchten, können folgende Themen gesammelt werden (erste Anzeichen des Problems, wann und wo, bei wem, Reaktionen der Beteiligten, Analyse der Bedürfnisse und Gefühle, Unterschied zu Hause versus Kita). Falls das Problem nur in der Kita auftritt, sollten Sie die Fragen selbst beantworten (zur Information für die Eltern) und gleichfalls hinterfragen, ob ähnliche Situationen im privaten Kontext auftauchen.

WERKZEUGKISTE

Systemische Fragen zum Verständnis des Problems– Erlaubnisfragen

- „Was sind die ersten Anzeichen? Wie merkt man, dass es gleich losgeht?"
- „Wann und wo tritt es auf?"
- „Bei welchen Personen tritt es auf?"
- „Was tun Sie in der Situation?" Antwort. „Was tun Sie, was Sie sonst nicht tun?" ... „Was ist immer gleich?"
- „Warum verhält sich das Kind in dieser Situation so?"
- „Welche Bedürfnisse stehen wohl hinter seinem Verhalten?"
- „Unterscheiden sich die Situationen zu Hause und in der Kita?"

(vgl. Radatz: Beratung ohne Ratschlag, 2011)

Das gemeinsame Überlegen, warum sich ein Kind wie verhält und welche Bedürfnisse hinter welchem Verhalten stehen können, kann dabei helfen, die Zusammenhänge des Problems besser verstehen zu können und zu „Aha-Erlebnissen" führen.

Wie geht man mit Eltern um, die sich für Ihre Situation schämen?

Beschämende Gefühle aufseiten der Eltern können aufkommen. Diese Gefühle können introvertiertes oder extrovertiertes Verhalten hervorrufen. Daher kann es hilfreich sein, die aktuelle Situation nur als Ist-Zustand zu sehen. Die Situation wird sich weiter entwickeln und kann als Chance zum Lernen gesehen werden.
Äußerungen, wie z. B. „... bisher ..." oder „... noch nicht ...", signalisieren, dass Entwicklungspotenzial besteht. Das angestrebte Ziel in Problemgesprächen ist das gemeinsame lösungsorientierte Überlegen, was zu einer Veränderung ins Positive helfen könnte.

WERKZEUGKISTE

Bedürfnisorientierte Fragen:
„Versetzen wir uns in die Lage des Kindes – wie fühlt es sich dann?"
„Welche Bedürfnisse stehen wohl hinter seinem Verhalten?"
„Wenn man das Kind nach seinen Bedürfnissen fragen würde, was würde es antworten?"
„Warum verhält es sich wohl so?"
„Was braucht es, damit es ihm bessergeht und es sich wohlfühlen kann?"
„In welchen Situationen zeigt es dieses Verhalten noch?"

Die acht **Resilienzschlüssel** (siehe S. 53) können für die Problembewältigung und Lösungsfindung hilfreich sein, daher steht bei der Analyse des Problems die **Akzeptanz** (**erster Schlüssel der Resilienz**) und somit das Verständnis und die Verarbeitung des Ist-Zustandes im Vordergrund. Die Akzeptanz einer schwierigen Situation ist häufig nicht leicht. Die Frage, ob die Situation veränderbar ist oder ob dies außerhalb der eigenen Macht liegt, kann für die Akzeptanz und ein lösungsorientiertes Denken hilfreich sein. Sich zu fragen, ob man selbst aktiv etwas tun kann, um das Problem zu lösen, oder ob man sich Strategien für den Umgang mit einer unveränderbaren Situation überlegen sollte, kann der erste Schritt zum lösungsorientierten Denken sein. Strategien, die die Situation erleichtern, können dabei unterstützen, mit der unveränderbaren Situation zu leben (z. B. Verlust, Tod) (vgl. Vogt 2021, S. 71 ff.)

Ist die Situation veränderbar?

* Ja: Was kann man tun, um die Situation zu verändern?
* Nein: Welche Strategien kann man entwickeln, um mit dieser Situation zurechtzukommen?

„Was macht die Situation mit mir?" Das ist eine Frage, die dabei helfen kann, herauszufinden, welche Gedanken mit der Situation verknüpft sind und wie man sie wahrnimmt. Die Gefühle Wut, Angst und Trauer können wahrgenommen, benannt und akzeptiert werden. Sie können als hilfreich für das Verständnis der Situation und die Bedürfnisse der Person gesehen werden. Gefühle helfen dabei zu verstehen, welche Bedürfnisse im Raum stehen.

BEISPIEL

„Das kann ich gut verstehen."
„Ich fühle mit Ihnen."
Nehmen Sie sich Zeit für diese leichten, kurzen Sätze. Sie drücken mehr aus, wenn Sie für sich alleine stehen und können ein wirkliches Gefühl von Anteilnahme vermitteln.

Optimismus (zweiter Schlüssel der Resilienz) kann in schwierigen Situationen dabei helfen, *wieder Licht am Ende des Tunnels zu sehen*. Besonders bei stark verunsicherten Eltern ist anzunehmen, dass die Sichtweise auf das sich noch entwickelnde Kind, das jeden Tag – genau wie wir Erwachsenen – dazulernen kann, hilfreich ist. Das **Bild des sich entfaltenden Kindes**, das jeden Tag ein Stück weit seine Emotionen besser regulieren und sich zu einem selbstständigen Wesen entwickelt, kann ihnen helfen optimistisch und lösungsorientiert zu denken (vgl. Vogt 2021, S. 93 ff.).

Eine kurze Zusammenfassung der wichtigsten Erkenntnisse kann das Gefühl vermitteln, die Situation nun besser verstanden zu haben und diese im besten Falle akzeptieren und optimistisch in die Zukunft blicken zu können.

WERKZEUGKISTE

Hypothetische Frage:

„Was wäre Ihr ‚filmreifes Happy End' dieser Situation?" Das Nachdenken über diese Frage kann dabei helfen, den Optimismus zu entfachen und die Türen für das lösungsorientierte Denken zu öffnen (Zurückhaltung und Schweigen schenken Zeit zum Nachdenken).

3. Phase: Ziele und Lösungsmöglichkeiten – Zielentwicklung durch Selbstwirksamkeit, Verantwortung übernehmen, Beziehungen gestalten und Lösungsorientierung

Anknüpfend an die Optimismus-Frage kann das Ziel definiert werden. Es ist anzunehmen, dass eine klare Zielvorstellung motivationsfördernd wirken kann. Selbst wenn das Gespräch aus zeitlichen Gründen nach der Zieldefinition endet, wurde 1) durch die wertschätzende und offene Atmosphäre vermittelt, dass man einander vertrauen kann, und 2) die Analyse des Problems und ein lösungsorientiertes Fundament für das nächste Gespräch gelegt. In der Zwischenzeit können bereits erste Handlungsmöglichkeiten im Alltag ausprobiert werden.

Die Technik der Zielformulierung (vgl. Radatz 2011, S. 141 ff.)

Die Ausgangssituation kann noch schlimmer werden, wenn Ziele zu vorschnell gesteckt wurden; eine vorherige Überprüfung kann dies verhindern. Unerwünschte Reaktionen der Umwelt sollten vorher bedacht werden. Damit das Ziel seine Wirkung nicht verfehlen kann, sollte es inter-aktional sein, also die Reaktionen der Beteiligten berücksichtigen. Daher können Fragen zu den Reaktionen der Umwelt bei der genauen Zieldefinition hilfreich sein.

BEISPIEL

„Welches Verhalten würden Sie dann nicht mehr zeigen?“
„An welchem Verhalten merken die anderen, dass Sie Ihr Ziel erreicht haben?“
„Wer merkt es woran? Wer noch? Wer noch?“
„Was tun die anderen, wenn sie bemerken, dass Sie Ihr Ziel erreicht haben?“

Auf Basis der Ziele können Handlungsmöglichkeiten oder Strategien für den Umgang mit dem Problem gesammelt werden. Die Erkenntnis, dass es viele Wege und Möglichkeiten gibt (Mindmap), führt häufig vor Augen, dass man aus verschiedenen Perspektiven unterschiedliche Ansätze finden kann. Diese können im Alltag weiterentwickelt werden und dazu anregen, immer wieder neu zu überlegen und auszuprobieren.

Weiterhin kann überlegt werden, *wer* für welche Ziele *was* benötigt.

- Wer braucht was für welchen Weg?
- Welche Werkzeuge werden benötigt, um die Ziele zu erreichen?
  - Was kann den Eltern bei der Umsetzung helfen?
  - Was kann den Fachkräften bei der Umsetzung helfen?

Selbstwirksamkeit – bei dem dritten Resilienz-Schlüssel geht es darum, die Selbstwirksamkeit zu stärken und zu überlegen, welche Ressourcen hilfreich für eine Lösungsstrategie sein könnten. Häufig hat man in sehr schwierigen und langwierigen Situationen das Gefühl, bereits alles probiert zu haben und machtlos oder am Ende seiner Kräfte zu sein (vgl. Vogt 2021, S. 109 ff.). Bewältigungsfragen nach Eigenschaften und früheren, erfolgreichen Lösungsstrategien (vielleicht auch aus der Zeit, bevor man ein Kind hatte) können helfen, die Selbstwirksamkeit zu stärken (siehe auch S. 32).

WERKZEUGKISTE

Bewältigungs- und ressourcenorientierte Fragen:
„Wie haben Sie in früheren herausfordernden Situationen in Ihrem Leben reagiert?"
„Was hat Ihnen geholfen? Welche Ihrer Eigenschaften können hilfreich sein?"
„Was brauchen Sie dafür? Können Sie auf Ressourcen zurückgreifen?"

Verantwortung übernehmen – der vierte Schlüssel – (vgl. Vogt, 2021, S. 139 ff.) geht Hand in Hand mit dem Expertenkonzept. Ein Bewusstwerden über ihre elterliche Experten-Rolle in Verbindung mit ihrer Selbstwirksamkeit, kann Eltern dazu befähigen, aktiv und lösungsorientiert zu denken.

BEISPIEL

Elterliche Verantwortung verbalisieren: *„Sie als Eltern sind die Experten für Ihr Kind. Sie kennen es am besten und begleiten es jeden Tag durch seine kleine Welt … Jeden Tag aufs Neue begleiten Sie Ihr Kind bei seinem Lebensweg und unterstützen es dabei, ein großartiger Mensch zu werden …“*

Geteilte Verantwortung verbalisieren: *„Gemeinsam können wir die Verantwortung für die nächsten Schritte zur Lösung angehen, uns gemeinsam überlegen, was Ihr Kind braucht und was getan werden kann, damit es leichter wird …“*

Die geteilte Verantwortung zwischen Fachkräften und Eltern für die nächsten Schritte hin zur Lösungsfindung kann verbalisiert werden, um deutlich zu machen, dass die Familie mit dem Problem nicht alleine ist (oder Sie nicht alleine die Verantwortung tragen).

Verantwortung zu übernehmen, kann auch heißen, …
- sich über ein Problem zu informieren
- eigene Grenzen zu kennen und sich um eigene Bedürfnisse zu kümmern.

WERKZEUGKISTE

Ressourcenorientierte Fragen:
„Was könnte Ihnen dabei helfen, häufiger entspannte Momente im Alltag zu kreieren?“
„Welche Bedürfnisse kommen bei Ihnen und Ihren Kindern im Alltag immer wieder vor?“
(Bedürfnisse nach Ruhe, Kuscheln, Entspannung oder eher nach Aufmerksamkeit, Geborgenheit, oder aber auch Spannung und Action?)
„Wer oder was könnte Ihren Alltag erleichtern?“
„Welche Routinen könnten Ihren Alltag erleichtern?“

Mit stark belasteten Eltern kann an dieser Stelle überlegt werden (z. B. mithilfe einer Mindmap), welche Ressourcen zur Verfügung stehen und was und welche Routinen ihren Familienalltag erleichtern können (*evtl. Ruheinseln durch Hörspiele, Ausmalen ...*).

Beziehungen gestalten (der fünfte Resilienz-Schlüssel) und sich darüber bewusst werden, welche Menschen hinter/zu einem stehen, stellt eine wichtige Ressource der Resilienz dar (vgl. Heller 2013). Menschen, denen man vertrauen kann, bittet man eher um Hilfe.

BEISPIEL

„Welche Personen können Sie/uns bei der Lösung unterstützen, durch aktive Teilnahme oder aber auch durch Zuhören und Anteilnahme?
„Wer könnte wie helfen (Familie, Freunde, Experten, ...)?"

Lösungsorientierung – sechster Schlüssel der Resilienz
gemeinsam überlegen, welche verschiedenen Lösungsmöglichkeiten bzw. Wege es gibt, welche favorisiert werden und was die nächsten Schritte sein könnten (vgl. Vogt 2021, S. 185 ff.).

WERKZEUGKISTE

Lösungsorientiertes Denken:
„Gibt es verschiedene Lösungsmöglichkeiten?"
„Welche erscheinen Ihnen geeignet und warum?"
„Wie wünschen Sie sich eine konkrete Umsetzung in der Kita?"
„Wie stellen Sie sich eine konkrete Umsetzung zu Hause vor?"
„Was sind die nächsten konkreten Schritte zur Lösung?"

4. Phase: Rückschläge und Strategien nutzen durch Zukunftsplanung und Stärkung des Kohärenzgefühls

Siebter Schlüssel der Resilienz – Zukunft planen
Es kann von Vorteil sein zu überlegen, welche Rückschläge möglich sind und welche Strategien dann hilfreich sein können. Vorbereitete Rückschläge sind leichter zu verarbeiten und weniger demotivierend (vgl. Vogt 2021, S. 197 ff.).

BEISPIELE für hypothetische Fragen

„Stellen Sie sich vor, Sie sind wieder im Alltag angekommen und es gibt Momente, in denen Ihnen das Ziel weit weg vorkommt ... Damit Sie auf mögliche Rückschläge vorbereitet sind, sollten wir kurz überlegen welche dies sein könnten und was Ihnen dann helfen kann."
- *„Welche Rückschläge sind möglich?"*
- *„Wie können Sie mit einem Rückschlag umgehen?"*
- *„Wie können Sie schon jetzt vorsorgen, um mit eventuellen Rückschlägen umzugehen?"*

Ein ausgeprägtes **Kohärenzgefühl (achter Schlüssel der Resilienz)** kann Sicherheit und Vertrauen geben. Es beschreibt den Optimismus, dass alles gut werden wird bzw. den Glauben an etwas positiv Unterstützendes oder Höheres (vgl. Vogt 2021, S. 211 ff.). Wenn Sie das Kohärenzgefühl in einem Elterngespräch ansprechen möchten, eignet sich die Perspektive der Kinder: *Kindern kann in unbekannten oder schwierigen Situationen ein besonderer Begleiter (Kuscheltier oder imaginärer starker Freund etc.) helfen und Kraft geben.*

BEISPIELE

„Vielleicht können Sie für sich oder Ihre Familie auch Möglichkeiten schaffen, um zuversichtlich und optimistisch zu bleiben. Was hat Sie denn bisher in schwierigen Situationen unterstützt, Ihren Weg zu gehen und optimistisch zu bleiben?
„Wie könnten Sie diesen Optimismus in schwierigen Situationen wieder zum Leben erwecken?"

5. Phase: Gesprächsausstieg – Rückmeldungen zum Gespräch

Zum Schluss kann man die Ziele und die Handlungsoptionen zusammenzufassen und die Eltern fragen, wie sie das Gespräch empfunden haben, wie sie sich fühlen und ob sie die Handlungsoptionen als praktikabel einschätzen. An dieser Stelle können auch Unsicherheiten oder Verunsicherungen angesprochen werden. Wenn eine Klärung den zeitlichen Rahmen überschreiten sollte, kann ein zeitnaher Termin ausgemacht werden.

BEISPIELE

„Unsere Gesprächszeit neigt sich dem Ende zu, ich würde Sie jedoch gern noch fragen,
– wie es Ihnen nach dem Gespräch geht?“
– ob das Gespräch sinnvoll war oder was wir beim nächsten Mal anders machen können?“
„Ich bemerke Ihr Zögern, darf ich Sie fragen, ob Sie noch etwas sagen möchten?“

Wenn die Zeit während des Gesprächs zu knapp wird, kann es von Vorteil sein, beim Beobachtungsaustausch zu kürzen. So kann die verbliebene Zeit genutzt werden, um (kurzfristige) Ziele zu vereinbaren und Handlungsmöglichkeiten zu überlegen, denn diese sind das oberste Ziel des Gesprächs. Denn mit einer Vision und Handlungsoptionen vor Augen ist es vermutlich für beide Parteien leichter, wieder in den Alltag zu gehen und ihm ggf. nicht machtlos gegenüberzustehen.

Praxisbeispiel:
Das Verhalten der Geschwister Alicia (3,2 Jahre) und Kevin (6 Jahre) hat sich plötzlich prägnant verändert. Alicia hatte sich nach ihrer Eingewöhnung zu einem fröhlichen und offenen Mädchen entwickelt, das schnell Kontakte zu den anderen Kindern schloss. Seit einiger Zeit zieht sie sich jedoch mehr und mehr zurück und zeigt hin und wieder destruktives Verhalten im Spiel mit anderen Kindern (z. B. Gebautes kaputtmachen etc.).

Kevin kann man als neugierigen Jungen beschreiben, der eigenständig Konflikte mit seinen Freunden lösen kann, hilfsbereit und voller Ideen in die Kita kommt. Genau wie bei Alicia hat sich auch sein Verhalten verändert, er wirkt passiv und zieht sich mehr und mehr zurück, ist lieber allein und spricht nur noch wenig. Wenn sich die Fachkraft mit ihm in einer ruhigen, entspannten Situation unterhält, erzählt er, dass es zu Hause gerade blöd ist, weil die Eltern viel streiten und schimpfen.

AUFGABE allein

Sie möchten ein Elterngespräch für die Eltern von Alicia (3,2 Jahre) und Kevin (6 Jahre) vorbereiten, um herauszufinden, ob sich das Verhalten der Kinder zu Hause auch verändert hat und ob es einen Grund oder Auslöser dafür gibt. Sie vermuten eine Veränderung der Lebenssituation, möglicherweise Konflikte zwischen den Eltern, Krankheit oder Belastungen.

Bereiten Sie dieses Elterngespräch vor, gestalten Sie einen geeigneten Gesprächsleitfaden, überlegen Sie sich eine Strategie und welche Kommunikationswerkzeuge passend sein können. Ihrer Erfahrung nach wirkt der Vater eher unsicher und zurückhaltend (–/+), während die Mutter ein eher dominantes Verhalten (+/–) zeigt.

AUFGABE im Team

Wählen Sie eine Rolle von den folgenden für ein Rollenspiel aus: Fachkraft, Eltern, Gesprächsbeobachtung. Führen Sie das Rollenspiel durch und reflektieren Sie das Gespräch.

Rolle der Fachkraft: Nutzen Sie Ihre Vorbereitungen und Notizen aus der obenstehenden *Aufgabe allein* und führen Sie ein Elterngespräch mit den Eltern von Alicia (3,2 Jahre) und Kevin (6 Jahre).

Rolle der Eltern: Überlegen Sie sich, welche Veränderung der Lebenssituation (möglicherweise Paarkonflikte, Krankheit oder andere Belastungen) das Leben der Familie beeinflusst. Machen Sie sich für das Gespräch Notizen zur Situation und über Ihren Umgang mit den Kindern.

Rolle der Beobachterin/des Beobachters: Richten Sie Ihre Aufmerksamkeit auf folgende Punkte und machen Sie sich Notizen über:
1. die Gesprächsstruktur,
2. Mögliche Gefühle und Ziele der Beteiligten,
3. Gesprächs- und Fragetechniken.
4. Was hätte welche Situation inwieweit verändern können?

Geben Sie den Beteiligten zum Gesprächsende ein Feedback.

Nach dem Rollenspiel – Reflexionsfragen:
Welche Themen wurden besprochen?
Wer ist der Experte/die Expertin des Problems?
Welche Ziele wurden vereinbart?
Welche Handlungsweisen führen in eine lösungsorientierte Richtung?
Welche Ressourcen, Maßnahmen oder Hilfsmittel können hilfreich sein?

Wie haben Sie das Gespräch in Ihrer Rolle wahrgenommen?

* Wie war die Grundhaltung der Fachkraft?
* Wie war die Grundhaltung der Eltern?
* Konnte eine akzeptierende, optimistische Haltung von beiden Parteien eingenommen werden?
  - Haben Sie Justierungsversuche unternommen?
  - Welche Justierungsversuche haben Sie unternommen?
* Welche Gesprächs- und Fragetechniken haben Sie genutzt?
* Welche Auswirkungen hatten diese jeweils auf den Gesprächsverlauf?
* Was würden Sie das nächste Mal anders machen?
* Welche Fragen oder Erkenntnisse nehmen Sie aus dem Gespräch mit?

5.3.3 Konfliktgespräch

Ein Elterngespräch wird zu einem Konfliktgespräch, wenn die Gesprächspartner eine negative Grundhaltung (S. 48) einnehmen und sich diese vorerst nicht justieren lässt. Bei schwierigen Kommunikationsmustern kann sich auch ein Entwicklungs- oder Problemgespräch zu einem Konfliktgespräch entwickeln. Der Konflikt kann bekannt und/oder unausgesprochen sein.

Ziel ist es, selbstsicherer in das Gespräch gehen zu können und schwierigen Situationen vorzubeugen. Hilfreich kann eine strategische Gesprächsvorbereitung, die Erstellung eines Gesprächsleitfadens sein (Was mache ich wann und wie?) und eine konkrete Strategie (Wie reagiere ich, wenn ...?). Vorherige kollegiale Beratung im Team kann bei der Vorbereitung helfen.

Gesprächsleitfaden für Konfliktgespräche

Ein Leitfaden für Konfliktgespräche sollte individuell unter Berücksichtigung des Konflikts erstellt werden (Was mache ich wann und wie?). Die Gesprächsleitfäden für die Entwicklungs- und Problemgespräche können als Basis gesehen und als Inspiration genutzt werden (siehe S. 20 und 100)

* **Welche Gesprächssituation ist aufgrund der Vorerfahrungen zu vermuten?**
  - Welche Grundhaltung habe ich den Eltern gegenüber?
    Fachkraft (+/+) (+/–) (–/+)
  - Wie kann ich meine eigene Grundhaltung in eine professionelle Richtung justieren (+/+)?
    Selbstreflexion, Strategien der Resilienz
  - Welche Grundhaltung nehme ich bei meinem Gegenüber wahr?
    Eltern (+/+) (+/–) (–/+)
* **Was sind die Gesprächsziele ...**
  - der thematischen Gesprächsvorbereitung für den Gesprächstyp Konfliktgespräch?
  - der entstandenen Gesprächssituation?
    Welche Grundhaltungen werden eingenommen?
    Ist eine Justierung erforderlich?

Meta-Ebene: Erkennen der eigenen Grundeinstellung und der Einstellung des anderen:
* Wie geht es mir gerade? Welche Gedanken und Gefühle habe ich?
* In welcher Grundposition befinde ich mich gerade (__/__)?
* Was steht hinter den Worten der Eltern, welche Gedanken, Gefühle, Motive?
* In welcher Grundposition befinden sie sich gerade (__/__)?

Das **mitfühlende Zuhören** sowie das **Reflektieren der eigenen Haltung** und der **Haltung des Gesprächspartners** steht im Konfliktgespräch an zentraler Stelle.

Mögliche Ziele für Konfliktgespräche sind ...

1. offene, wertschätzende und akzeptierende Gesprächsatmosphäre auf Basis einer konstruktiven Zusammenarbeit
   * durch mitfühlendes Zuhören die Situation verstehen (Meta-Ebene)
   * Justierung der eigenen Grundeinstellung auf (+/+)
   * Justierung der Grundeinstellung des Partners auf (+/+)
2. Meinungen gegenüberzustellen
3. weitere Zusammenarbeit
   * Erwartungen austauschen, Ziele und Handlungsweisen planen

WERKZEUGKISTE

Das 1 × 1 für eine offene, akzeptierende und wertschätzende Zusammenarbeit:

- Erlaubnisfragen
- Methoden für das Zuhören und Zusammenfassen
- Verständnisfragen
- Ich-Botschaften

Strategie – Wie reagiere ich, wenn ...?

Geeignete Gesprächs- und Fragetechniken können dabei helfen, eine Strategie und einen Spickzettel zu entwickeln. Allerdings sollte beachtet werden, dass lösungsorientierte Fragen (hypothetische, Skalierungs- oder Wunderfragen) nur in einer vertrauensvollen Umgebung gestellt werden dürfen und sie sich nicht für Konfliktsituationen eignen (vgl. Aich/Behr, 2015).

Wie reagiere ich, wenn ...
* ich die Eltern um etwas bitten oder zu etwas auffordern möchte?
* Eltern mich verbal angreifen?
* Eltern erstarren, schweigen oder anfangen zu weinen?

Wie kann ich Bitten, Wünsche oder Aufforderungen äußern?

Die Methode der gewaltfreien Kommunikation eignet sich dazu. Ein Vorteil der Methode ist, dass rhetorische Machtmittel, wie Schuldzuweisungen, Wertungen, Forderungen oder Verallgemeinerungen, vermieden werden (vgl. Rosenberg 2016).

Zur Erinnerung: Auf der Basis von Ich-Botschaften werden in vier Schritten Bitten oder Wünsche formuliert (vgl. Rosenberg 2016):

1. eigene Beobachtung (ohne Wertung) schildern
   „Wenn ich ... sehe/höre/rieche ...“
2. eigene Gefühle benennen
   „... bin ich .../werde ich .../fühle ich mich ...“
3. eigene Bedürfnisse äußern
   „... weil ich ... möchte/brauche“ „... weil mir ... wichtig ist.“

4. eine realistische Bitte/Wunsch formulieren (konkret, umsetzbar, beobachtbar, messbar)
   „Kannst du ...?“/ „Wärst du dazu bereit, mir bei ... zu helfen?“/ „Damit es mir bessergeht, werde ich ..., wäre dies für dich so okay?“

Was kann ich bei verbalen Angriffen tun?

Verbale Angriffe und Beschuldigungen sollten nicht persönlich genommen, sondern als Anlass gesehen werden, um genau hinzuschauen (Meta-Ebene), um die dahinterstehenden Bedürfnisse und Ziele (ggf. auch die Not) zu erkennen.
Bestimmende Äußerungen können als Vorschläge, Ratschläge und Tipps betrachtet werden, die in eine Ideensammlung (z. B. bei der Zielformulierung) einbezogen werden können. Welche Lösungen wann und wie umgesetzt werden, kann diskutiert werden. Letzten Endes kann jeder Experte/jede Expertin für das eigene „Territorium“ selbst entscheiden (Eltern – zu Hause; Fachkräfte – Kita).
Wenn hinter verbalen Angriffen die Ängste bzw. die Probleme der anderen Person erkannt werden, fällt es leichter, gelassen zu bleiben. Hektische Antworten und Rechtfertigungen sollten vermieden werden. Ziel ist es, ruhig zu bleiben und – auf einer Meta-Ebene – zu versuchen, die Grundeinstellungen zu reflektieren.

* **Paraphrasieren** und **aktives Zuhören** kann Wertschätzung vermitteln, sicherstellen, ob der Inhalt verstanden wurde; es kann der Türöffner für andere Gesprächstechniken sein.

BEISPIEL

***Paraphrasieren**, um den Gesprächspartner wertzuschätzen: „Ich nehme wahr, dass Sie sich über die Situation ärgern. Sie haben schon so viel ausprobiert und versucht, ohne dass es besser wurde.“*

LÖSUNGSORIENTIERTES PARAPHRASIEREN

Bestimmende Eltern: „Nein, das dauert zu lange und ist zu viel Aufwand und Stress! So, wie ich es gesagt habe, ich es besser!“ Pädagogische Fachkraft: „Sie denken also, es ist wichtig, schnell, einfach und entspannt an die Sache heranzugehen.“

- **Erlaubnisfragen** können dem Gesprächspartner signalisieren, dass er sich nicht in einem Machtkampf befindet. Sie sollten allerdings nicht zu früh gestellt werden, sondern zunächst sollte mitfühlend zugehört werden, sodass der Gesprächspartner sich verstanden und ernst genommen fühlt und seine Situation erklären kann.

BEISPIEL

Paraphrasieren und Erlaubnisfrage:
„Ich nehme wahr, dass Sie sich über die Situation ärgern. Sie haben schon so viel alleine ausprobiert und versucht, ohne dass es besser wurde.“
„Sie haben mir erzählt, wie anstrengend die Situation für Sie und Ihre Familie ist und was Sie bereits alles versucht haben, um das Problem zu lösen. Nun kann ich mir ein Bild von Ihrer Lage machen und kann Ihnen erzählen, wie ich die Situation in der Kita wahrnehme. Sind Sie damit einverstanden?“

ACHTSAMKEIT

Stellen Sie die Erlaubnisfragen nicht zynisch oder besserwisserisch (+/−) oder unterwürfig (−/+). Eine positive Grundhaltung (+/+) sollte der Erlaubnisfrage zugrunde liegen.

- **Neutrales Gegenüberstellen von Perspektiven** ist hilfreich, um zu zeigen, dass die Perspektive des Gesprächspartners verstanden wurde und eine eigene Perspektive existiert, es also zwei (oder mehr) Seiten gibt und dass beide Seiten Berücksichtigung finden sollten.

BEISPIEL

„Zum einen ... und zum anderen ...“
„Es gibt zwei Seiten, die berücksichtigt werden sollten. Auf der einen Seite .... Und auf der anderen Seite ...“

* **W-Fragen** stellen mit „Wie …“, „Was …“, „Welche …?“ anstatt „ob“, um kurze Ja- oder Nein-Antworten zu vermeiden.

BEISPIEL

„Wann hat es denn in letzter Zeit besser funktioniert?“
„Können Sie sich an Situationen erinnern, in denen ausnahmsweise alles geklappt hat?“ PAUSE … „Was war da anders?
„Erinnern Sie sich an schöne oder neutrale Momente mit Person xy?“ PAUSE … „Was war in der Situation anders?
„Wie haben Sie sich verhalten?“
„Wie haben sich die anderen verhalten?“

* **Fragen nach Ausnahmen** können dabei helfen, zu einem lösungsorientierten Denken zu kommen. Das Gefühl, in seinem Handeln blockiert zu werden, geht häufig mit einem problemorientierten Denken einher.

Bei wiederholten verbalen Angriffen sollte das Gespräch gestoppt oder beendet werden.

BEISPIEL

„Stopp, Anschuldigungen helfen uns nicht weiter. Wir beenden das Gespräch an dieser Stelle. Wenn Sie damit einverstanden sind, melde ich mich morgen telefonisch bei Ihnen. Dann können wir eine Nacht darüber schlafen und überlegen, wie wir mit der Situation umgehen wollen.“
„Ich werde das Gespräch an diesem Punkt beenden. So kommen wir nicht weiter. Morgen Nachmittag habe ich etwas Zeit, dann melde ich mich bei Ihnen und wir können dann noch mal mit etwas mehr Abstand überlegen, wie es weitergehen kann. Okay?“

Was kann ich tun, wenn Eltern erstarren, schweigen oder anfangen zu weinen? …

Ein Konflikt bzw. eine schwierige Situation kann die Stressreaktion „Freeze“ (Jeffrey Gray), eine Art Schreckstarre hervorrufen (wie ein Tier, das sich tot stellt). Dieses Erstarren kann dazu führen, dass sich die Gesprächsanteile verschieben und der Verstummte mit Worten überschüttet wird.

Angenommen, ein Elternteil verstummt während des Gesprächs, die Fachkraft bemerkt dies, wird unsicher und fängt an, die offenen Punkte des Gesprächsleitfadens noch schnell abzuhaken, damit das Gespräch wie geplant beendet werden kann. Nach dem Gespräch hat sie ein komisches Gefühl und überlegt, was schiefgelaufen sein könnte. Durch die Reflexion wird ihr bewusst, dass sie zu viel geredet hat und die Eltern sich immer mehr zurückgezogen haben.
Ein genaues Hinschauen kann helfen, Situationen besser zu verstehen und dem komischen Gefühl (das nicht ohne Grund auftaucht) Raum zu geben, um aus Fehlern zu lernen und sich und seine Gesprächskompetenzen weiterzuentwickeln.

Mögliche Reflexionsfragen

- Warum haben sich die Eltern zurückgezogen?
- Gab es einen Wendepunkt von der aktiven Beteiligung in die passive Rolle?
- Was könnte den Wendepunkt ausgelöst haben?
- Welche Gesprächs- und Fragetechniken können mir beim nächsten Mal helfen?

Möglicherweise sehen verunsicherte Eltern nur die aktuelle Situation und verstummen in einem Gespräch, weil sie keinen Ausweg sehen. Das Bild des sich entfaltenden Kindes, das jeden Tag ein Stück weit seine Emotionen besser regulieren kann, seine motorischen und geistigen Fähigkeiten entfaltet und sich zu einem selbstständigen Wesen entwickelt, kann ihnen möglicherweise helfen, optimistisch und lösungsorientiert zu denken.

Das Mitteilen der Wahrnehmung kann dem Gesprächspartner die Möglichkeit geben, seine Gefühle zu äußern. Generell ist die Haltung „Ich begebe mich auf die Meta-Ebene und benenne, was ich sehe“ in schwierigen Situationen hilfreich.

BEISPIEL

Meta-Ebene: Neutrale Beschreibung der Wahrnehmung
„Ich merke/nehme wahr, dass (Verhalten neutral beschreiben) ...
– Sie immer ruhiger werden."
– Sie sehr schweigsam sind.
– Sie nur noch kurz antworten."
„Wie geht es Ihnen? Wie fühlen Sie sich? Was brauchen Sie?"
Die Zeit zum Antworten wird häufig unterschätzt. Zählen Sie am besten langsam bis 10 und wieder rückwärts und warten Sie wirklich auf eine Reaktion. Wenn der Gesprächspartner sich öffnet, können Sie aktiv zuhören, zusammenfassen, Mitgefühl zeigen und Hilfe anbieten.
– „Ich kann Sie verstehen." ... „Ja, das kann ich mir vorstellen."

Zusammen, statt allein zu überlegen, was das Kind braucht, *um seinen Weg zu gehen, um sich zu dem wunderbaren Menschen zu entfalten, der in ihm steckt*, kann Zuversicht und Mut bei der Lösungsfindung wecken.

BEISPIEL

„Sie können etwas ändern. Wenn Sie möchten, helfe ich Ihnen dabei. Wäre das okay für Sie?"

AUFGABE im Team

Praxisbeispiel
Überlegen Sie sich, wer die Rolle der Fachkraft und wer die Rolle des Vaters von Oskar (4.5 J.) einnehmen möchte.
Rolle des Vaters: Lesen Sie das Praxisbeispiel vor, fühlen Sie sich in die Situation des Vaters ein.

Vater (sinngemäß): *„Es vergeht kein Tag, am dem unser Oskar nicht andere Kinder beißt oder schlägt. Meine Frau und ich wissen nicht, was wir dagegen tun sollen. Zwei Mütter haben uns schon angerufen und gefordert: „So geht es nicht weiter. Damit*

muss Schluss sein!" Und hier in der Kita haben Sie Oskar auch nicht im Griff! Dabei sind Sie doch die Fachleute, oder? Ich weiß wirklich nicht mehr weiter ..."

Versuchen Sie als Vater, im Gesprächsverlauf destruktiv zu sein, eher mit „Ja, aber ..." zu antworten oder im Tenor *„Ich habe schon alles versucht ... Wieso schaffen Sie es nicht? Wie soll es nur weitergehen?"*

Rolle der Fachkraft: Hören Sie dem Vater zu und probieren Sie die untenstehenden Kommunikationswerkzeuge aus. Aber Achtung, ein zu schnelles lösungsorientiertes Vorgehen kann problemorientiertes Denken verstärken und dazu führen, dass sich das Gespräch im Kreis dreht („Ja, aber...") und die Argumente wiederholt werden.

Zur Erinnerung: Besonders während eines Konfliktgesprächs können Check-ups dabei helfen wahrzunehmen, ob sich die Situation während des Gespräches verändert.

Check-up: Ist eine situationsorientierte Anpassung der Gesprächsziele erforderlich?

* **in Bezug auf inhaltliche Themen** (Welche Themen haben sich ergeben?)
* **in Bezug auf die Grundhaltungen**
  – Ist eine Justierung erforderlich?
* ***in Bezug auf den Gesprächstyp***
  – **Problemgespräch** (s. S. 84) – Ziel: Problemexpertenschaft bewusst machen, resiliente Problemlösung
  – **Konfliktgespräch** (s. S. 116) – Ziel: ZUHÖREN, akzeptierende, wertschätzende und offene Basis herstellen, Justierung der Grundhaltungen, lösungsorientiertes Vorgehen

Nach dem Rollenspiel – Reflexionsfragen:

Welche Themen wurden besprochen? Wer ist der Experte/die Expertin des Problems? Welche Ziele wurden vereinbart?
Welche Handlungsweisen wurden angedacht?
Welche Ressourcen, Maßnahmen oder Hilfsmittel können hilfreich sein?
Wie war die Grundhaltung der Fachkraft und der Eltern? Hat sie sich verändert?
Konnte eine (+/+) Haltung eingenommen werden?
Haben Sie Justierungsversuche unternommen? Welche?
Welche Gesprächs- und Fragetechniken haben Sie genutzt?
Welche Auswirkungen hatten diese jeweils?
Was würden Sie das nächste Mal anders machen?

Zuhören, Zusammenfassen, Verständnisfragen und Bewältigungsfrage:
„Sie ärgern sich über die aktuelle Situation und wir sind mit ihr auch nicht zufrieden. Anscheinend durchlebt Oskar gerade eine schwierige Phase und er stößt immer wieder an unsere Grenzen. Wir sitzen im gleichen Boot und können überlegen, in welchen Situationen es in der Kita und bei Ihnen zu Hause brenzlig wird und wie er sich dann fühlt. Wie ist seine Perspektive? Was geht dann wohl in Oskar vor?“ (Nach der Antwort) „Und wie reagieren Sie und Ihre Frau dann (... und/oder andere enge Familienmitglieder)?“

Aktives Zuhören und Zusammenfassen:
„Oh ja, ich verstehe, ... das ist wirklich nicht leicht." (Mitfühlende Pause) „Sie versuchen mit ... zu reagieren, stoßen dabei aber auch immer selbst an Ihre eigenen Grenzen. Hier in der Kita reagieren wir gerade mit ..., sind aber auch noch im Gespräch darüber. Die großen Fragen, die hier im Raum stehen, sind also 1.) Wie geht es Oskar in diesen Situationen? und 2.) Wie kann man auf Oskars Gefühle reagieren, ohne selbst an die eigenen Grenzen zu stoßen?“

Fragen nach Ausnahmen:
„Wann, würden Sie sagen, waren die Zeiten entspannter? Was war zu dem Zeitpunkt anders?"

Bewältigungsfragen:
„Was hat Ihnen in anstrengenden Situationen bisher geholfen?“, „Was hat Ihnen zurückblickend am meisten geholfen?“ – „Kennen Sie andere Eltern, die in einer ähnlichen Lage waren? Wie sind sie wohl damit zurechtgekommen?“

Skalierungsfragen:
„Sie haben schon alles versucht? Nehmen wir doch einmal an, es gäbe einhundert Möglichkeiten, die wir ausprobieren könnten, wie viele haben Sie ausprobiert? Alle oder gibt es noch ein paar offene Ideen? Welche?“

Ressourcenorientierte Fragen:
„Vielleicht ist es hilfreich, wenn wir gemeinsam überlegen, welche Werkzeuge uns dabei helfen können, mit Oskars Gefühlen und seinem Verhalten umzugehen. Sie sollen dabei helfen, die kritischen Situationen zu überstehen oder zu vermeiden. – Was würden Sie in diesen Koffer hineinpacken?“
„Welche Routinen könnten Ihren Alltag erleichtern? Der Kita-Alltag ist sehr strukturiert und die Kinder wissen immer genau, wie der Tag verläuft ... – Was könnte Ihnen dabei helfen, Ihre eigenen Bedürfnisse und die von Oskar noch besser zu berücksichtigen oder entspannte Momente im Alltag zu routinieren.“

Reaktionen auf „Ja, aber ...“:
Eine Wertschätzung von gescheiterten Lösungsversuchen kann durch **Paraphrasieren und aktives Zuhören** ausgedrückt werden. Auch das **lösungsorientierte Paraphrasieren** kann dabei helfen, wie beispielsweise:

* *„Sie beschäftigen sich bereits seit ein paar Wochen mit dem Thema und haben schon viele Möglichkeiten ausprobiert.“* (Paraphrasieren)
* *„Ja, ich kann Sie gut verstehen. In der letzten Zeit ist es für uns alle schwer, mit Oskars Verhalten umzugehen und Wege für einen entspannten Umgang zu finden.“* (Aktives Zuhören und lösungsorientiertes Paraphrasieren)
* *„Wir können gemeinsam überlegen, welche Möglichkeiten es gibt, und Ideen sammeln, aus unterschiedlichen Perspektiven zu überlegen: 1.) Oskars, 2.) Ihrer Familie und 3.) aus unserer Kita-Perspektive.“* (Angebot der Zusammenarbeit als Experten)

Erlaubnisfragen und hypothetische Fragen können ebenfalls hilfreich sein. Auch Kenntnisse über die Resilienzschlüssel können eine optimistische Haltung unterstützen und ein selbstwirksames Denken anregen.

EIGENE NOTIZEN

6 Gespräche reflektieren und daraus lernen

Eine regelmäßige Selbstreflexion kann dabei helfen, Erfahrungen unter verschiedenen Gesichtspunkten Revue passieren zu lassen. Sie befähigt dazu, eine eigene Meinung zu entwickeln, aus Erfahrungen zu lernen und an ihnen zu wachsen. Besonders negative Erfahrungen wollen reflektiert werden; die entstehenden negativen Gefühle laden regelrecht zu einer Reflexion ein. Nachdenken und Diskutieren stellen wesentliche Grundlagen der Problemlösekompetenz dar.

Die **Gesprächsreflexion** kann in zwei Bereiche eingeteilt werden:

* Die inhaltliche Nachbereitung dreht sich um die angesprochenen Themen des Gesprächs.
* In der Qualitätsentwicklung geht es um den Rahmen des Elterngesprächs (Kompetenzen, Gesprächshaltungen, Kommunikationstechniken)

6.1 Inhaltliche Nachbereitung und Reflexion

Entwicklungsgespräch: Welche inhaltlichen Themen wurden angesprochen?

* Wie ist das aktuelle Bild vom Entwicklungs-Ist-Zustand?
  - Themen der Eltern?
  - Themen der Fachkräfte?
* Welche Ziele wurden für das Kind vereinbart?
* Welche Handlungsweisen?
  - Institutionelle Umgebung
  - Private Umgebung

Problemgespräch: Welche Themen wurden besprochen?

* Was macht das Problem aus?
* Wer ist der Experte/die Expertin des Problems?
* Welche Ziele wurden vereinbart?
* Welche Handlungsweisen wurden vereinbart?
* Ressourcen, Maßnahmen, Hilfsmittel?

Konfliktgespräch: Welche Themen wurden besprochen?

* Wie kann der Konflikt definiert werden?
  - Wer ist daran beteiligt?
  - Welche Meinungen/Haltungen stehen sich gegenüber?
* Ressourcen, Maßnahmen, Hilfsmittel?
* Konnte der Konflikt gelöst werden?
* Wie konnte er gelöst werden?
* Wurden zukünftige Ziele und Handlungsweisen vereinbart?

6.2 Qualitätsentwicklung und Reflexion von Elterngesprächen

Gesprächshaltung:
* Wie war meine Grundhaltung während des Gesprächs?
* Gab es Situationen, in denen ich mich wohl oder unwohl gefühlt habe? Hat sich meine Haltung verändert?
* Konnte ich mich gut in meinen Gesprächspartner hineinversetzen?
* Wie hat sich mein Gesprächspartner gefühlt? Grundhaltung (_/_)
    * Hat sich seine Haltung verändert?
    * Habe ich Justierungsversuche unternommen? Welche?
* Welche Gesprächs- und Fragetechniken habe ich genutzt?
    * Welche Auswirkungen hatten diese?
    * Was würde ich nächstes Mal anders machen?

Generelle Fragen:
* Was hätte das Gespräch angenehmer machen können?
* Wie könnten zukünftige Gespräche leichter werden?
* Was könnte dabei helfen? (Evtl. strukturierende Hilfen, konzeptionelle Verankerungen, Kontaktdaten von Kooperationspartnern etc.)
* Welche Erkenntnisse/Fragen nehme ich aus dem Gespräch mit?

Das Ziel ist, die Eltern immer mehr als aktive Experten zu sehen, sie dazu zu befähigen „es selbst zu tun“, genau hinzuschauen, eine akzeptierende Haltung einzunehmen und selbstbestimmt zu handeln.

Qualitätsentwicklung: Es ist anzunehmen, dass eine regelmäßige Reflexion immer effektiver in zeitlicher Hinsicht verlaufen kann und sie einen Mehrwert für die Gesprächskompetenzen und die Qualitätsentwicklung darstellen kann.
Kollegen können sich gegenseitig bei der Kompetenzentwicklung unterstützen, indem sie sich die Zeit nehmen, über z. B. den Vorgang und den Verlauf des Elterngesprächs zu sprechen. Kompetenzen können durch kollegiale Unterstützung weitergegeben – (gemeinsam oder allein) erprobt, reflektiert und gefestigt – werden. Der Austausch kann sehr bereichernd sein, da gemeinsam überlegt werden kann, was zum Gesprächsverlauf geführt hat und welche Techniken passend gewesen wären. Bei der Nachbereitung kann man gemeinsam wichtige Gesprächsstellen reflektieren.

Was ist gut gelaufen?
Was sollte das nächste Mal beachtet werden?
Wie kann es besser werden?
Was brauchen wir dazu?

Notieren Sie Ihre Erkenntnisse, damit sie langfristig von Nutzen sein können. Nutzen Sie Ihre Teamsitzungen dazu, über Elterngespräche zu sprechen und sich über Strategien auszutauschen, spielen Sie Rollenspiele und hospitieren Sie untereinander, reflektieren Sie und schauen Sie, als Team, genau hin – besonders bei Problemen.

AUFGABE

Diskussion im Team

Gibt es ein Elterngespräch, das Sie nicht mehr loslässt und über das Sie gerne sprechen möchten? Vielleicht möchte jemand Erfahrungen aus einem Elterngespräch teilen und zusammen mit anderen überlegen, welche Möglichkeiten es gegeben hätte. Nutzen Sie die Gelegenheit, im Team zu diskutieren und zu reflektieren. Welche Rahmenbedingungen und Werkzeuge können in dieser Situation sinnvoll sein?

Schlusswort

Die Kinder sind der Dreh- und Angelpunkt des Experten-Austauschs zwischen Fachkräften und Eltern. Mit meiner Arbeit möchte ich mich dafür einsetzen, dass das Potenzial von Elterngesprächen kompetent ausgeschöpft wird, das Beste aus der einen kurzen Stunde herausgeholt werden kann. Kita-Expertengespräche – also Elterngespräche, bei denen sich Eltern und Fachkräfte je-

weils als Experten auf Augenhöhe über die kindliche Entwicklung austauschen, gemeinsam Ziele entwickeln und geeignete, bedürfnisorientierte Handlungsweisen für beide Lernumgebungen (zu Hause und in der Kita) planen – wurden beschrieben und so umsetzbar wie möglich dargestellt.
Das Ziel ist, Gespräche zielführend vorzubereiten, selbstbewusst und kompetent zu führen, dynamisch anhand verschiedener Kommunikationswerkzeuge reagieren zu können und erfahrener aus jedem Gespräch herauszugehen.

Beziehen Sie die Eltern immer mehr mit ein, lassen Sie sie immer aktiver werden und beobachten Sie, was passiert. Wie nehmen sie ihre aktiven Rollen an? Wie entwickelt sich Ihr Austausch?

Ein Elterngespräch mit dem Ziel, einen gleichberechtigten Austausch zu führen, gibt den Eltern die Möglichkeit, eine aktive Rolle einzunehmen, sich nicht zurückzulehnen und zuzuhören, sondern selbst als Experte agieren zu können. Einige Eltern wissen, dass sie die Experten für ihre Kinder sind, andere nicht. Wecken Sie auch die Experten in jenen Eltern, die wenig Selbstvertrauen haben!

Weiterführende Literatur

Elterngespräche

* Aich, G./Behr, M.: *Gesprächsführung mit Eltern.* Weinheim: Beltz Juventa 2016.
* Lindemann, H./Günster-Schöning, U./Lahrkamp, P./Siller, N.: *Systemisch-lösungsorientierte Gesprächsführung und Beratung in Kindertageseinrichtungen: Ein Lehr-, Lern- und Arbeitsbuch.* Göttingen: Vandenhoeck & Ruprecht 2021.
* Radatz, S.: *Beratung ohne Ratschlag. Systemisches Coaching für Führungskräfte und BeraterInnen.* Österreich, Wien: Verlag systemisches Management 2011.
* Prior, M.: *MiniMax-Interventionen: 15 minimale Interventionen mit maximaler Wirkung.* 21. Aufl. Heidelberg: Carl-Auer-Verlag 2011.

Resilienz

* Beier, I. M: *Kinder stark machen! Resilienzförderung in der Kita. Köln: Bildungsverlag EINS 2018. Schleh-Tams, E.: Stark im Berufsalltag – Resilienzstärkung für Erzieherinnen und Erzieher.* Köln: Bildungsverlag EINS 2019.
* Vogt, L.: *„Uns haut so schnell nichts um“, 8 Schlüssel der Resilienz für dein Kind und dich.* 7. Aufl. Weinheim: Beltz Verlag 2021.

Bedürfnisorientierung im Elementarbereich

* Hohmann, K./Wedewardt, L.: *Kinder achtsam und bedürfnisorientiert begleiten in Krippe, Kita und Kindertagespflege.* Freiburg i.B.: 2021.
* Wedewardt, L.: *Wörterzauber statt Sprachgewalt: Achtsam sprechen in Kita, Krippe und Kindertagespflege.* Freiburg: Herder Verlag 2022.
* Hohmann, K./Wedewardt, L./Finger, F./Füchtenschneider, C./Vasiliadis, H./Sasse, H./Grimm, L./Noß, A.: *Kita (R)Evolution – Zeit für Veränderung.* Freiburg: Herder Verlag, 2023.

Downloadmaterialien

Selbstreflexionsfragen

Vorlagen:

Elternbrief – Einladung zum Elterngespräch
Protokollbogen – Entwicklungsgespräch
Protokollbogen – Problemgespräch

LITERATURVERZEICHNIS

Aich, G./Behr, M.: Gesprächsführung mit Eltern. Weinheim: Beltz Juventa 2016.

Bandura, A.: Self-efficacy: The exercise of control. New York: Freeman 1997.

Behr, M./Franta, B.: Interaktionsmuster im Eltern-Lehrer-Gespräch aus klientenzentrierter und systemischer Sicht. In Gesprächspsychotherapie und personenzentrierte Beratung, 34(1) 2003, S. 19–28.

Berne, E.: Transactional analysis in psychotherapy: A systematic individual and social psychiatry. New York: Grove Press 2016.

Bloom, P.: Empathy and its discontents. Trends in cognitive sciences, 21(1) 2017, S. 24–31.

Cloos, P.: Zusammenarbeit mit Eltern. In Handbuch empirische Forschung in der Pädagogik der frühen Kindheit. Münster: Waxmann 2018, S. 211–227.

Cloos, P./Zehbe, K./Krähnert, I.: Familie und Kindertageseinrichtungen 2020, S. 1–19.

Coopersmith, S.: Revised Coopersmith self-esteem inventory manual. Redwood City: Mind Garden 2002.

De Shazer, S.: Keys to Solutions in Brief Therapy. New York: Norton 1985.

De Shazer, S./Dolan, Y.: Mehr als ein Wunder: lösungsfokussierte Kurztherapie heute. Heidelberg: Carl-Auer-Verlag 2020.

Fröhlich-Gildhoff, K./Weltzien, D.: Expertise Kompetenzen früh-/kindheitspädagogischer Fachkräfte im Spannungsfeld von normativen Vorgaben und Praxis. Erstellt im Kontext der AG Fachkräftegewinnung für die Kindertagesbetreuung in Koordination des BMFSFJ. Frühe Bildung 3.3 2014, S. 173–174.

Graue, E./Clements, M. A./Reynolds, A./Niles, M.: More than teacher directed or child initiated: Pre-school curriculum type, parent involvement, and children's outcomes in the child-parent centers. Education policy analysis archives 2004 12, S. 72.

Grund, J./Behr, M./Engel, E.-M./Aich, G.: Gesprächsführung und Elternberatung in der Ausbildung von frühpädagogischen Fachkräften. Frühe Bildung, 8 (2) 2019, S. 108–116.

Harrist, A. W./Waugh, R. M.: Dyadic synchrony: Its structure and function in children's development. Developmental Review, 22(4) 2002, S. 555–592.

Heatherton, T. F./Wyland, C. L.: Assessing self-esteem. In S. J. Lopez /C. R. Snyder (Eds.), *Positive psy-chological assessment: A handbook of models and measures* (pp. 219–233). American Psychological Association 2003.

Heller, J.: Resilienz: 7 Schlüssel für mehr innere Stärke. München: Gräfe und Unzer, 2013.

Hohmann, K./Wedewardt, L.: Kinder achtsam und bedürfnisorientiert begleiten: in Krippe, Kita und Kindertagespflege. Verlag Herder GmbH 2021.

Hu, T./Zhang, D./Wang, J.-L.: A meta-analysis of the trait resilience and mental health. Pers Individual Differences 76, 2015, S. 18–27.

Kalisch R./Müller M./Tüscher O.: A conceptual framework for the neurobiological study of resilience. Behavioral and brain sciences, 38; 2015.

Karreman, A./van Tuijl, C./van Aken, M. A. /Deković, M.: Parenting and self-regulation in preschool-ers: a meta-analysis. Infant and Child Development, 15(6) 2006, S. 561–579.

Kobelt Neuhaus, D./Klein, L.: Eltern sind Experten für ihr Kind! In: das Leitungsheft von Kindergarten heute Herder Verlag, 03/2017, S. 7.

Krey, K.: Verhältnis zwischen Eltern und Erzieherinnen: Qualitative Studie zur Identifikation der sozialen Beziehung in Kindertageseinrichtungen. Erziehungswissenschaft: Vol. 71. Berlin, Münster: LIT, 2015, S. 170–194.

Kuhn, M./Machold, C./Schulz, M.: Die Multifunktionalität von Bildungsdokumentationen. Zeitschrift für Grundschulforschung, 11(1) 2018, S. 7–21.

Lindemann, H./Günster-Schöning, U./Lahrkamp, P./Siller, N.: Systemisch-lösungsorientierte Gesprächsführung und Beratung in Kindertageseinrichtungen: Ein Lehr-, Lern-und Arbeitsbuch. Göt-tingen: Vandenhoeck & Ruprecht 2021.

Maslow, A./Lewis, K. J.: Maslow's hierarchy of needs. Salenger Incorporated, 14(17) 1987, S. 987–990.

Michl, S./Geier, B.: Qualität in der Kindertageseinrichtung aus Eltern-und Fachkräftesicht. Ergebnisse einer multiperspektivischen Fragebogenstudie. München: Deutsches Jugendinstitut (DJI) 2019, S. 26.

Pauen, S./Strodthoff, C. A./Bechtel-Kuehne, S.: Co- and self-regulation in the caregiver-child dyad: Parental expectations, children's compliance, and parental practices during early years. Special Issue: New Approaches to the Study of Early Self-regulation Development, 2; 2016.

Prior, M.: MiniMax-Interventionen: 15 minimale Interventionen mit maximaler Wirkung. 21. Aufl. Heidelberg: Carl-Auer-Verlag 2021.

Radatz, S.: Beratung ohne Ratschlag. Systemisches Coaching für Führungskräfte und BeraterInnen. Österreich, Wien: Verlag systemisches Management 2011.

Rogers, C. R.: Empathic: An unappreciated way of being. The counseling psychologist, 5(2) 1975, S. 2 ff.

Rogers, C. R.: A theory of therapy, personality, and interpersonal relationships: As developed in the client-centered framework. New York: McGraw-Hill 1959.

Rogers, C. R./Farson, R. E.: Active listening. Organizational communication (2nd ed., pp. 319–334). Piscataway, NJ: Transaction 2007.

Rosenberg, M. B.: Giraffensprache: Gewaltfreie Kommunikation im Alltag. Junfermann Verlag GmbH 2021.

Rosenberg, M.: Rosenberg self-esteem scale (RSE). Acceptance and commitment therapy. Measures package, 61(52) 1956, S. 18.

Rosenberg, M. B.: Gewaltfreie Kommunikation: Eine Sprache des Lebens. Junfermann Verlag GmbH 2016.

Rißmann, M.: Portfolios? Eine schöne Erinnerung. Zur Elternsicht auf Portfolios. Kita aktuell. 12/2013. Kita MO. 22. Jahrgang, S. 293–265.

Siraj, I./Howard, S. J./Kingston, D./Neilsen-Hewett, C./Melhuish, E./de Rosnay, M.: Comparing regula-tory and non-regulatory indices of early childhood education and care (ECEC) quality in the Australian early childhood sector. The Australian Educational Researcher, 2019 46(3), S. 365–383.

Strodthoff, C. A. (2022a): Elternberatung in Kindertageseinrichtungen. Rahmenbedingungen der Elterngespräche und Kompetenzentwicklung von Pädagogischen Fachkräften 2022 (Doctoral dissertation). In: www.ub.uni-heidelberg.de/archiv/31658 [21.08.2023].

Strodthoff, C. A. (2022b): Das Expertenkonzept für Elterngespräche in Kindertageseinrichtungen, 2022. In: www.kindergartenpaedagogik.de/fachartikel/elternarbeit/formen-der-elternarbeit/das-expertenkonzept-fuer-elterngespraeche-in-kindertageseinrichtungen/ [12.12.2023].

Schulz von Thun, F.: Miteinander reden 1: Störungen und Klärungen: Allgemeine Psychologie der Kommunikation. Reinbeck: Rowohlt Verlag GmbH 1981.

Sylva, K./Melhuish, E./Sammons, P./Siraj-Blatchford, I./Taggart, B.: The effective provision of pre-school education (EPPE) project: Findings from pre-school to end of key stage 1. Department for Education and Skills-SureStart 2004, S. 55 ff.

Viernickel, S./Nentwig-Gesemann, I./Nicolai, K./Schwarz, S./Zenker, L.: Schlüssel zu guter Bildung, Erziehung und Betreuung. Bildungsaufgaben, Zeitkontingente und strukturelle Rahmenbedingungen in Kindertageseinrichtungen 2013, S. 133 ff.

Vogt, L.: Uns haut so schnell nichts um. 8 Schlüssel der Resilienz für dein Kind und dich. 7. Auflage. Weinheim: Beltz Verlag 2021.

Vohs, K. D./Baumeister, R. F.: Handbook of self-regulation: Research – theory, and applications. New York: Guilford Publications 2016, S. 270.

Watzlawick, P.: Man kann nicht nicht kommunizieren. Bern: Huber 2011.

Wygotsky, L.: Mind in society: The development of higher psychological processes. Harvard University Press 1980.

SACHWORTVERZEICHNIS

BILDQUELLENVERZEICHNIS

Brauner, Angelika, Hohenpeißenberg: 7.1, 11.1, 15.1, 49.1, 85.1, 131.1.

Fischer, Andreas, Ansbach: Titel, Titel, Titel, Titel, Titel, Titel.

fotolia.com, New York: Jan Engel 45.1, 45.2, 45.3, 45.4, 45.5, 45.6, 45.7, 45.8, 47.2, 47.3.

iStockphoto.com, Calgary: cagkansayin 98.1; Figueres, Eduard 42.1; FotografieLink 33.1; Gajus 102.1; Image Source 31.1; ra2studio 24.1; Rawpixel 55.1; Slphotography 66.1.

Quadflieg, Fabiola, Köln: 3.2, 4.2, 5.2, 6.2.

Shutterstock.com, New York: alkang 34.1; Apollofoto 27.1; Atamanenko, Evgeny 86.1; autumnn 116.1; Billion Photos 99.1; Chazov, Roman 69.1; ChristART 105.1; CozyDigital 121.1; dragon_fang 80.1; Drawlab19 30.1; FamVeld 48.1; fizkes 111.1; fotogruhl 97.1; granata68 74.1; Gts 61.2; Hrabar, Vitaliy 71.1, 73.1; Iryna Imago 53.1; KieferPix 80.2; klioli 51.1; krylova_nlp 47.1; LightField Studios 37.1, 43.1; Louro, Veronica 131.2; mentalmind 29.1; microstock3D 110.1; Midnight Studio TH 128.1; Mmaxer 8.1; MNStudio 92.1; moreimages 19.1; NadyaEugene 94.1; Nenin, Branislav 106.1; nepool 67.1; Ollyy 17.1; PeopleImages.com - Yuri A 23.1; PeopleImages.com, Yuri A 123.1; pio3 61.1; Pixel-Shot 108.1; pixelheadphoto digitalskillet 114.1; Prostock-studio 99.2, 129.1; Race, Dan 63.1; Runa0410 39.1; Ryzhov, Kyrylo 88.1; santypan 10.1; Semanche 13.1; sevenke 68.1; stockfour 12.1; sumire8 Titel; Sunny studio 40.1, 89.1; TatjanaRittner 52.1; Vitalevich, Chepko Danil 59.1; Wilhauk, Irina 25.1; WindNight 9.3; Wolphgang 122.1; Yu_Zhdanova 82.1, 83.1, 84.1, 84.2, 100.1; YuliaLisitsa 20.1; Zerkalov 119.1; Zinkevych, Dmytro 38.1.

stock.adobe.com, Dublin: fizkes Titel, Titel; Kuzmin, Andrey 3.1, 4.1, 5.1, 6.1; strichfiguren.de 42.2; thingamajiggs 118.1.

Visuelle Lebensfreude - Bodem + Sötebier GbR, Hannover: Titel.

YPS - York Publishing Solutions Pvt. Ltd.: 26.1.